교육학 점수를

키위주스

키우기 **위**한 **주**요키워드 **스**피드하게 정리하기

교육학박사 **김현** 편저

교육학을
통째로
갈아만든
키위주스

BTB Books

01 교육행정

1. Herzberg의 동기-위생이론 • 7
2. Vroom의 기대이론 • 7
3. Fiedler의 상황이론 • 8
4. Hersey와 Blanchard의 상황적 지도성 유형 • 8
5. Halpin & Croft의 개방-폐쇄 풍토 • 9
6. Carlson의 봉사조직 유형 • 10
7. Minzberg의 전문적 관료제 • 10
8. Cohen과 Olsen의 조직화된 무질서 조직 • 11
9. Weick의 이완조직 • 11
10. 약식장학 • 12
11. Cogan의 임상장학 • 12
12. 동료장학 • 13
13. 자기장학 • 14
14. 컨설팅 장학 • 14
15. 의사결정모형 • 14
16. Senge의 학습조직 • 16
17. Kerr와 Jermier의 리더십 대용 상황모형 • 16
18. 슈퍼리더십 이론 • 17

02 교수학습

19. 브루너의 교수이론 • 18
20. 오수벨의 유의미적 수용학습이론 • 19
21. 가네의 수업이론 • 21
22. 라이겔루스의 정교화 교수이론 • 24
23. 메릴의 내용요소제시이론 • 25
24. 켈러의 ARCS 이론 • 27
25. 인지적 도제이론 • 28
26. 문제중심학습 • 28
27. 자기주도학습 • 29
28. 협동학습 • 29
29. 교수체제설계 • 30
30. Dick & Carey의 체제적 교수설계 모형 • 31
31. 하인니히의 ASSURE 모델 • 33
32. 블렌디드 러닝 • 33

03 교육과정

33. 교과중심 교육과정 • 34
34. 경험중심 교육과정 • 35
35. 학문중심 교육과정 • 36
36. 인간중심 교육과정 • 36
37. 영 교육과정 • 37
38. Walker의 자연주의적 모형 • 37
39. Eisner의 교육과정 개발의 예술적 접근 • 37
40. Pinar의 모형 : 재개념화 이론의 교육과정 모형 • 38
41. 스킬벡의 학교중심 교육과정 개발 • 39
42. 교육내용 조직의 방법 • 40
43. 잠재적 교육과정 • 41
44. Wiggins & McTighe의 역방향 설계 모형 • 41

04 교육평가

45. 교육관과 평가관 • 42
46. Stufflebeam의 CIPP 모형 • 43
47. Scriven의 탈목표 평가모형 • 44
48. 상대기준평가 • 44
49. 절대기준평가 • 45
50. 절대평가와 상대평가의 종합적 비교 • 45
51. 진단평가 • 46
52. 형성평가 • 47
53. 총괄평가 • 47
54. 성장지향평가 • 48
55. 능력지향평가 • 48
56. 노력지향평가 • 49
57. 수행평가 • 49
58. Bloom의 교수목표 이원분류 • 50
59. 선택형 문항 • 51
60. 서답형 문항 • 52
61. 타당도 • 53
62. 신뢰도 • 55
63. 문항난이도 • 57
64. 문항변별도 • 57
65. 오답지의 매력도 • 58
66. 표준점수 • 58
67. 참여관찰 • 58
68. 모레노의 사회성 측정법 • 59

05 교육사회

69. 구조기능주의 • 60
70. 뒤르케임의 사회화 • 60
71. 드리븐의 사회화 규범 • 60
72. 슐츠의 인간자본론 • 61
73. 알튀세의 이데올로기론 • 61
74. 보울스와 긴티스의 경제재생산론 • 62
75. 부르디외의 문화재생산론 • 62
76. 윌리스의 저항이론 • 63
77. 콜린스의 지위경쟁이론 • 63
78. 번스타인의 언어사회화와 계급 • 64
79. 맥닐의 방어적 수업 • 65
80. 기회의 허용적 평등 • 66
81. 기회의 보장적 평등 • 66
82. 과정의 평등 • 66
83. 결과의 평등 • 66
84. 콜맨의 사회적 자본 • 67
85. 로젠탈과 제이콥슨의 피그말리온 현상 • 67
86. 사회통제 이론 • 67
87. 낙인이론 • 68
88. 차별적 접촉이론 • 68

06 교육심리

89. 스턴버그의 지능삼원론 • 69
90. Witkin의 장독립적-장의존적 인지양식 • 69
91. 내발적 동기 • 71
92. 외발적 동기 • 71
93. 내적 동기유발의 방법 • 71
94. 외적 동기유발의 방법 • 72
95. 자기결정이론 • 72
96. 목표지향이론 • 72
97. 귀인이론 • 73

차례

98. 기대×가치 이론 • 73
99. 피아제의 인지발달이론 • 73
100. 비고츠키의 인지발달이론 • 75
101. 프로이트의 성격발달이론 • 76
102. 에릭슨의 심리·사회적 성격발달이론 • 76
103. Marcia의 정체감 지위 이론 • 77
104. 콜버그의 도덕성 발달이론 • 78
105. Skinner의 작동조건형성 • 78
106. Bandura의 관찰학습 • 81
107. 정보처리이론 • 81
108. 부호화 특수성 이론 • 82
109. 페이비오의 이중부호화 모형 • 82
110. 전이의 이론 • 83
111. 합리화 • 83
112. 투사 • 83

07 생활지도와 상담

113. 생활지도의 주요영역 • 84
114. 상담의 기본 조건 • 85
115. 재진술 • 85
116. 반영 • 85
117. 명료화 • 85
118. 직면 • 86
119. 해석 • 86
120. Ellis의 합리적·정의적 상담 • 86
121. 형태주의 상담이론 • 87
122. Berne의 상호교류분석 • 88
123. Freud의 정신분석 상담이론 • 89
124. Rogers의 비지시적 상담이론 • 90
125. 행동수정 상담이론 • 90
126. Adler의 개인 심리 상담이론 • 91
127. Glasser의 현실치료 • 92
128. 해결중심 상담 • 94
129. Roe의 욕구이론 • 94
130. Holland의 인성이론 • 95
131. Krumboltz의 사회학습이론 • 96

08 교육의 역사와 철학

132. 피터스의 교육성립의 조건 • 97
133. 교육목적의 유형 • 98
134. 지식의 유형 • 98
135. 진보주의 교육철학 • 98
136. 본질주의 교육철학 • 99
137. 항존주의 교육철학 • 100
138. 듀이의 교육철학 • 100
139. 실존주의 • 102
140. 포스트모더니즘 • 103
141. 푸코의 사상 • 104
142. 분석철학 • 104
143. 비판이론 • 105
144. 하버마스의 사상 • 105
145. 신자유주의와 교육 • 105
146. Socrates의 교육사상 • 106
147. Platon의 교육사상 • 106
148. Aristoteles의 교육사상 • 107
149. 루소의 자연주의 교육사상 • 107

키위주스

01 교육행정
02 교수학습
03 교육과정
04 교육평가
05 교육사회
06 교육심리
07 생활지도와 상담
08 교육의 역사와 철학

교육학 점수를

키우기
위한
주요키워드
스피드하게 정리하기

01. 교육행정

Herzberg의 동기-위생이론 Motivation-Hygiene theory

① 핵심주장 : 직무 만족과 불만족은 1차원의 연속선상의 개념이 아니다.
② 동기요인(만족요인, satisfiers) : 작업 자체로부터 도출되는 것. 성취감, 일에 대한 인정, 작업 자체, 책임감, 개인의 발전 등
③ 위생요인(불만족요인, dissatisfiers) : 작업환경에서 생기는 외적·물리적인 것. 급여, 인간관계, 지위, 근무조건, 직업적 안정, 정책과 행정, 감독 등
④ 의의 : 내적보상의 중요성을 강조
⑤ 단점 : 인간 욕구 분류의 기준이 논리적으로 일관성이 없다. 만족 및 불만족의 원인을 이야기할 때 개인 간의 차이가 존재한다는 사실이 무시되었다.

Vroom의 기대이론 Expectancy Theory

① 기대(성과기대치, expectancy) : 개인의 노력과 성취를 연계하며, 어떤 행동이 추구하는 결과를 초래할 것이라는 주관적인 확률
② 유인가(valence) : 목표가 갖는 매력의 정도
③ 수단성(보상기대치, instrumentality) : 성과와 보상의 연계로서, 성취를 위한 노력의 일차적인 결과와 이차적인 결과의 상관관계의 정도

Fiedler의 상황이론 contingency theory

상황의 호의성(situational favorableness) 요소 3가지
① 지도자-구성원 관계 : 지도자와 구성원 간 관계의 질
② 과업구조 : 과업의 특성을 말하는데, 과업이 명확하게 규정되고 수행 방법이 체계화되어 있으면 구조화되었다고 하며, 그렇지 않은 경우에는 비구조화되었다고 한다.
③ 지위 권력 : 지도자가 합법적·보상적·강압적 권력을 가지고 구성원의 행위에 영향을 줄 수 있는 능력을 소유한 정도

Hersey와 Blanchard의 상황적 지도성 유형

① M1 : 구성원의 동기↓, 능력↓ : 지시형(Q1) : 관계 ↓, 과업 ↑
② M2 : 구성원의 동기↑, 능력↓ : 지도형(Q2) : 관계 ↑, 과업 ↑
③ M3 : 구성원의 동기↓, 능력↑ : 지원형(Q3) : 관계 ↑, 과업 ↓
④ M4 : 구성원의 동기↑, 능력↑ : 위임형(Q4) : 관계 ↓, 과업 ↓

Halpin & Croft의 개방-폐쇄 풍토 OCDQ

학교풍토 유형	교사행동	교장 행동	특징
개방적 풍토	사기 ↑	추진 ↑	조직 목표를 향해 움직이고 집단 구성원의 사회적 욕구를 충족시켜주는 활기차고 생기있는 조직으로 신뢰성이 강한 것이 특징
자율적 풍토	친밀 ↑	냉담 ↑	교장이 교사들 스스로 상호 활동구조를 마련토록 분위기를 조성하는 자율보장적 풍토
통제적 풍토	징애 ↑	과업(생산) ↑	과업수행을 강조하고 교사들의 사회적 욕구 충족을 소홀히 하는 풍토로, 교장은 위압적, 지배적이며 융통성이 없다.
친교적 풍토	태만(방임) ↑	인화 ↑	교장과 교사들 사이에 우정적인 태도가 형성되고, 사회적 욕구는 잘 충족되나 조직목적 달성을 위한 집단활동은 부족
간섭적 풍토	태만 ↑	과업↑, 인화↑	과업성취나 욕구충족 면에서 부적당한 풍토로, 교장은 과업만을 강조하며, 공정성은 결여된다.
폐쇄적 풍토	태만 ↑	냉담↑	이탈요인이 높고 추진성과 사기가 낮은 풍토로, 교장은 불필요한 일을 강조하고 교사들은 최소한으로 반응한다.

Carlson의 봉사조직 유형

조직 유형	고객 선택권	조직 선택권	특징
유형 Ⅰ	○	○	야생조직. 살아남기 위하여 경쟁
유형 Ⅱ	○	×	미국의 주립대, 한국의 학원
유형 Ⅲ	×	○	군대 조직. 이론적으로는 가능하나 실제로는 존재하지 않는다.
유형 Ⅳ	×	×	사육조직, 온상조직. 법적으로 존립을 보장받는다.

Minzberg의 전문적 관료제

① 학교조직은 관료제와 전문직제의 혼합적인 조직 형태
② **관료적 특성**: 교무분장 조직, 교사 자격증 제도, 규정을 통한 행동 규제, 연공서열 중심의 승진제도
③ **전문적 특성**: 교사는 교실에서의 교수-학습활동에 있어 자율성을 보장받고 있으며, 교사들은 감독이나 직무수행의 통일된 표준을 갖기 어렵다.

Cohen과 Olsen의 조직화된 무질서 조직 organized anarchy

① 개념 : 조직화는 되어있지만 구조화되어 있지 않거나 합리적, 과학적, 논리적으로 파악될 수 없는 조직
② 특징
  ㉠ 불분명한 목표 : 교육조직의 목표는 구체적이지 못하고 분명하지 않다.
  ㉡ 불확실한 기술 : 교육목표를 달성하는 데 이용할 수 있는 기술도 분명치가 않다.
  ㉢ 유동적 참여 : 교사와 행정가, 학생들은 수시로 이동하며, 학부모와 지역사회 관계자도 필요시에만 참여한다.

Weick의 이완조직 loosely coupled system

① 개념 : 조직 혹은 조직운영에 관련된 하위구성요소 사이의 상호작용, 영향력, 조정, 통제 등이 약하거나 결여된 상태의 조직
② 이완조직의 특성
  ㉠ 환경 변화에 적응하기 위해 한 조직에서 이질적인 요소가 공존하는 것을 허용한다.
  ㉡ 광범한 환경 변화에 대해 민감하여야 한다.
  ㉢ 국지적인 적응을 허용한다.
  ㉣ 기발한 해결책의 개발을 장려한다.
  ㉤ 다른 부분에 영향을 주지 않는 한 체제의 일부분이 분리되는 것을 용납한다.

10 약식장학 일상장학

① 개념 : 단위학교 교장이나 교감이 간헐적으로 짧은 시간(5~10분) 동안 비공식적으로 학급순시나 수업참관을 통하여 교사들의 수업 및 학급경영 활동을 관찰하고 이에 대해 교사들에게 지도와 조언을 제공하는 과정
② 특징
  ㉠ 원칙적으로 학교행정가인 교장이나 교감의 계획과 주도하에 전개된다.
  ㉡ 교장이나 교감이 학교교육 전반의 정보를 파악하는 데 도움을 준다.
  ㉢ 다른 장학형태에 대하여 보완적이고 대안적인 성격을 갖는다.
③ 유의점
  ㉠ 공개적이어야 하며 교장이나 교감이 담당한다.
  ㉡ 계획적으로 정해진 일정에 의해 이루어져야 한다.

11 Cogan의 임상장학

① 개념 : 교사의 교실행위를 개선함으로써 학생의 학습을 개선할 목적으로 교실 내의 사건들로부터 추출된 주요자료를 가지고 교사의 교실 과업수행을 개선하기 위하여 고안된 명분 혹은 실천
② 특징
  ㉠ 교사의 교실행위 개선, 수업기술 향상이 주목적이다.
  ㉡ 장학담당자와 교사의 관계가 상하관계보다는 쌍방적 동료관계를 지향한다.

동료장학

① **개념** : 수업의 개선을 위해 교사들이 서로 협동하는 장학
② **동료장학의 형태**
  ㉠ **수업연구중심 동료장학** : 경력교사와 초임교사가 짝을 이루어 상호간에 수업을 공개, 관찰하고 이에 대한 의견을 교환함으로써 수업 연구과제의 해결, 수업방법의 개선을 도모하거나 팀 티칭을 위해 서로 도와 협력하는 동료장학의 형태
  ㉡ **협의중심 동료장학** : 동료 교사들 간에 일련의 협의를 통하여 어떤 주제에 관해 서로 경험, 정보, 도움, 조언 등을 교환하거나 공동과업을 추진하는 활동
  ㉢ **연수중심 동료장학** : 각종 자체 연수를 계획, 추진, 평가함에 있어 공동연구자로서 서로 경험, 정보, 아이디어를 교환하며, 때로는 강사나 지원인사로서 공동으로 협력하는 동료장학
③ **동료장학의 장점**
  ㉠ 엄격한 훈련이나 협의회 절차를 거치지 않아도 되므로 교사들이 이용하기 편리하다.
  ㉡ 다른 장학에 비해 거리감이 적고 동료의식이 강하기 때문에 자유로운 의사 교환과 피드백이 가능하다.
  ㉢ 수업 개선을 위해 학교교사들이 공동으로 노력하도록 함으로써 장학활동을 위해 학교의 인적 자원을 최대한 활용할 수 있다.

13 자기장학

① **개념** : 자기장학은 외부의 강요나 지도에 의해서가 아니라 교사 스스로가 자신의 전문성 신장을 위해 스스로 계획을 수립하고 실천해 나가는 것

② **자기장학의 방법**
  ㉠ 자신의 수업을 녹음, 녹화하여 스스로 분석하고 평가한다.
  ㉡ 자신의 수업이나 생활지도, 학급경영 등과 관련하여 학생들의 의견을 구한다.
  ㉢ 대학원 과정, 방송대학 등의 수강을 통하여 자신의 전문성을 신장한다.

14 컨설팅 장학

학교교육을 개선하기 위해서 일정한 전문성을 갖춘 사람들이 학교와 학교 구성원의 요청에 따라 제공하는 독립적인 자문활동

15 의사결정모형

① **합리성 모형(rational-comprehensive model)**
  ㉠ 인간과 조직의 합리성 및 지식과 정보의 가용성을 전제한 가정과 선택원리를 바탕으로 한다.
  ㉡ 의사결정자의 전지전능, 최적 대안의 합리적 선택, 목표의 극대화, 합리적 경제인을 전제로 전개되는 이상론적, 낙관론적 모형

② **만족 모형(satisfying model)**
  ㉠ March와 Simon이 주장한 것으로 합리성의 한계를 어느 정도 수용한 제한적인 합리성을 전제하고 제시한 이론 모형이다.
  ㉡ 즉, 최선의 결정은 절대적 의미에서의 최고가 아니라 만족스러운 상태의 것이라는 생각을 반영하는 이론 모형

③ **점증주의 모형(incremental model)**
  ㉠ Lindblom에 의해 제안된 이 모형은 정책결정에서 선택되는 대안들이 대체로 기존 정책들의 문제점을 개선해 나가는 것이라고 전제한다.
  ㉡ 이러한 과정에서 의사결정은 현재 추진되고 있는 기존의 정책대안과 경험을 기초로 약간의 점진적인 개선을 도모할 수 있는 제한된 수의 대안만을 검토하여 현실성 있는 정책을 선택하려 한다는 것이다.

④ **혼합 모형(mixed-scanning model)**
  ㉠ Etzioni에 의해 제시된 것으로 합리성 모형의 이상주의와 점증주의 모형의 보수주의를 비판하고, 이 두 모형의 장점을 결합시킨 모형이다.
  ㉡ 즉, 기본방향의 설정에는 합리성 모형을 적용하고 방향설정 후 특정한 문제해결은 점증주의 모형을 적용하는 것이 바람직하다는 입장이다.

⑤ **최적 모형(optimal model)**
  ㉠ Dror가 점증주의 모형의 타성적이고 현실안주적인 성격을 비판하면서 그 대안으로 제안한 것이다. 그는 합리성 모형에 초합리적인 요소를 추가하고자 한다.
  ㉡ 즉, 의사결정이 합리적인 고려만으로 이루어지는 것이 아니라, 의사결정 과정에는 초합리적인 것, 즉 직관적 판단, 통찰, 상상력, 창의력 등과 같은 잠재의식이 개입된다는 것이다. 따라서 초합리적인 과정을 정책결정에서 불가결한 역할로 파악하는 비정형적 의사결정 유형이다.

⑥ **쓰레기통 모형(비합리적 의사결정)**
  ㉠ 교육조직을 '조직화된 무질서 조직'으로 보는 Cohen과 Olsen 등이 주장한 모형이다.
  ㉡ 의사결정이 합리적이고 체계적으로 이루어지는 것이 아니라 주먹구구식으로 이루어진다는 것을 나타내기 위해 쓰레기통이라는 명칭을 사용하고 있다.

16 Senge의 학습조직

① 개념 : 학교 내외적으로 정보를 교사들이 공유하고, 협력적인 학습활동을 전개하여 지속적으로 새로운 지식을 창출하여 학교의 환경에 적응해 나가는 조직

② 학습조직의 원리
  ㉠ 개인적 숙련(personal mastery) : 개인이 추구하는 지식·기술·태도를 형성하기 위해 개인적 역량을 지속적으로 넓혀가고 심화시켜가는 것
  ㉡ 정신모형(mental model) : 주변에서 발생하는 현상들을 이해하는 인식체계를 계발하는 것
  ㉢ 공유 비전(shared vision) : 조직이 추구하는 방향이 무엇이며, 그것이 왜 중요한지에 대해 모든 구성원들이 공감대를 형성하는 것
  ㉣ 팀 학습(team learning) : 구성원들이 팀을 이루어 학습하는 것으로 개인수준의 학습을 증진시키고, 조직학습을 유도하는 것
  ㉤ 시스템 사고(system thinking) : 조직에서 일어나는 여러 가지 사건들을 부분적으로 이해하고 해결하기보다는 전체적으로 인지하고 이에 포함된 부분들 사이의 순환적 인과관계 또는 역동적인 관계로 이해하고 사고하는 접근 방식

17 Kerr와 Jermier의 리더십 대용 상황모형 Substitutes for Leadership Model

① 상황적 리더십 이론은 리더십이 상황에 의존하기는 하지만 여전히 공식적 리더십이 필요하고 중요하다는 점을 가정하고 있다. Kerr와 Jermier는 이러한 가정에 의문을 제기하고 지도자의 리더십을 대체하거나 억제하는 리더십 대용 상황모형(Substitutes for Leadership Model)을 개발하였다.

② 기존의 상황적 리더십 이론을 구성하고 있는 기본 틀은 지도자 행동, 상황, 효과성(결과)의 개념이다. 여기서 상황은 크게 두 가지 상황으로 구분할 수 있는데, 하나는 대용(substitute) 상황이고, 다른 하나는 억제(neutralizer) 상황이다.
③ 여기서 대용 상황은 지도자의 행동을 불필요하게 만들고 때때로 과다하게 만드는 사람 혹은 사물 등과 관련된 상황이다. 다시 말해, 대용 상황은 구성원의 태도, 지각, 행동에 영향을 미치는 지도자의 능력을 대신하거나 감소시키는 상황적 측면을 말한다.
④ 반면에 억제 상황은 지도자의 행동을 대체하는 것이 아니라, 지도자가 특정한 방식으로 행동하지 못하게 하거나 지도자 행동의 영향력을 무력화시키는 상황적 측면을 말한다.

18 슈퍼리더십 이론 super-leadership, 초우량 지도성

① 슈퍼리더십(Superleadership)은 Manz와 Sims에 의해 제안되었다.
② 조직이 공식적인 권력과 권위, 그리고 간섭과 통제라는 전통적 방식에 의해 관리되기 때문에 비효율적이라는 전제하에 구성원들의 자발적인 리더십을 개발하여 활용하는 새로운 방식의 슈퍼리더십을 토대로 한 조직관리 방식을 제안한 것이다.
③ 따라서 슈퍼리더십을 발휘하는 지도자는 조직의 모든 구성원이 스스로 자율적 리더십을 개발하고 이를 통해 조직의 과업수행을 효율화하고 조직의 생산성을 제고하는 방향으로 일할 수 있도록 역량을 발휘한다.

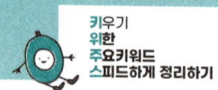

02. 교수학습

 브루너 Bruner 의 교수이론

(1) **지식의 구조**
① 학문이나 교과의 기저를 이루는 핵심적 아이디어나 개념
② 특징
　㉠ 표현방식 : 브루너는 어떠한 영역의 지식도 작동적, 영상적, 상징적으로 표현이 가능하다고 봄
　　ⓐ 작동적 표현 : 행위형태의 표현방식
　　ⓑ 영상적 표현 : 이미지, 그래프 형태의 표현방식
　　ⓒ 상징적 표현 : 명제에 의한 언어적 표현방식
　㉡ 경제성 : 지식의 구조는 머릿속에 기억해두었다가 내용을 이해하는 데 동원되는 정보가 되므로, 경제성이 있다.
　㉢ 생성력 : 학생이 학습한 명제들이 얼마나 응용력, 전이력이 있는가를 말하는 것으로, 지식의 구조를 알게 되면 생성력이 증가한다.

(2) **발견학습(discovery learning)**
① 교사의 지시를 최소한으로 줄이고, 학생 스스로 자발적인 학습을 통해, 학습목표를 달성하도록 하는 교수-학습과정의 한 형태이다.
② 학습자에게 교과를 최종적인 형태로 제공하는 것이 아니라 그 최종 형태를 학습자 스스로 조직하도록 하는 학습방법이다.

오수벨 Ausubel 의 유의미적 수용학습이론

(1) 유의미적 수용학습 : 언어적 매개에 의하여 의미 있는 학습재료를 수용함으로써 학습하는 것

(2) 선행조직자
① 개념 : 수업의 도입단계에 주어지는 언어적 설명으로, 새로운 과제를 공부할 때 인지구조의 기능을 확대하기 위해 미리 제공하는 것
② 유형
  ㉠ 설명적 조직자 : 추상성이 가장 높은 수준에서 기본이 되는 개념
  ㉡ 비교 조직자 : 익숙한 자료에 사용되는 것으로 과거의 개념과 새로운 개념 사이의 유사성과 차이점을 비교하는 방식

(3) 포섭 : 기존에 가지고 있는 정착지식이나 이미 학습한 명제, 개념표상 안에 새롭게 제시된 학습내용을 포함시키는 것

(4) 포섭의 유형

포섭의 종류	의미	예시
종속적 포섭	포괄성이 낮은 과제가 포괄성이 높은 인지구조 속으로 포섭되는 것으로서 여기에는 파생적 포섭과 상관적 포섭이 있음	
	파생적 포섭 : 앞서 학습한 명제나 개념에 대해 구체적 예를 들어 주면서 새로운 예나 사례를 포섭/학습하는 것	파생적 포섭 : 지중해성 과일의 종류를 배우고 난 후, 과일의 예를 학습하는 것
	상관적 포섭 : 새로운 아이디어의 포섭을 통해 이전 학습 개념이나 명제를 수정, 확대, 정교화하는 것	상관적 포섭 : 지중해성 과일의 종류를 배우고 난 후, 지중해성 과일의 특징을 배우는 것

상위적 포섭	이미 가진 아이디어를 종합하면서 새롭고 포괄적인 명제나 개념을 학습하는 것	지중해성 과일의 종류와 특징을 배운 후, 이 둘을 종합하여 지중해성 과일에 대한 종합적인 개념을 형성하는 것
병렬적 포섭	새로운 과제와 인지구조 속에 이와 관련된 정착 개념이 특별한 의미적 연관은 없지만, 이들이 갖는 광범위한 배경이 서로 연관되었을 때 일어나는 학습	새로 학습한 지중해성 과일의 특징과 이전에 학습한 열대성 과일의 특징이 동일한 수준에서 의미있게 연결되는 것

(5) **수업 원리**

① **선행조직자의 원리** : 선행조직자는 학습과제보다 포괄성과 추상성의 수준이 높은 자료로 수업 전에 제시해야 한다.
② **점진적 분화의 원리** : 학습내용은 가장 일반적이고 포괄적인 의미를 먼저 제시하고, 점차 세분화되고 특수한 의미로 분화하여 제시해야 한다.
③ **통합적 조정의 원리** : 새로운 개념이나 의미는 이미 학습된 내용과 일치되고, 통합되어야 한다.
④ **선행학습 요약정리의 원리** : 새 학습에 임할 때 지금까지 학습해 온 내용을 요약정리 해주면 학습이 촉진된다.
⑤ **내용의 체계적 조직원리** : 학문의 내용을 계열적, 체계적으로 조직하여 학습의 극대화를 시키자는 원리이다.
⑥ **학습준비도의 원리** : 적절한 인지구조의 발달이 이루어져야 학습이 가능하다는 원리이다.

가네 Gagné의 수업이론

(1) 학습 요인

① 학습의 외적 요인

  ㉠ 강화의 원리 : 새로운 행동의 학습은 그 행동에 대해 보상이 주어질 때 잘 일어난다는 원리

  ㉡ 접근의 원리 : 학습자가 반응해야 할 자극사태와 적절한 반응이 시간적으로 접근되어 있으면 학습이 더 잘 된다는 원리

  ㉢ 반복의 원리 : 자극사태나 그에 따른 반응을 되풀이하거나 연습을 하게 되면 학습이 증진되고 파지가 확실해진다는 원리

② 학습의 내적 요인

  ㉠ 선행학습 : 학습이 이루어지기 위해서 이전에 그에 필요한 여러 가지 정보를 학습할 필요가 있다.

  ㉡ 학습동기 : 학습이 성공적이 되기 위해서는 학습 초기에 학습하고자 하는 동기가 있어야 한다.

  ㉢ 자아개념 : 학습에 대한 자신감, 즉 긍정적 자아개념이 있어야 학습이 잘 이루어진다.

(2) 5가지 학습영역과 학습방법

① 지적 기능(intellectual skill)

  ㉠ 개념 : 무엇을 하는 방법을 아는 것으로 기호나 상징을 사용하여 환경과 상호작용하는 능력. 방법적 지식

  ㉡ 지적 기능의 학습 : 8가지 위계학습에 의해 이루어진다. 신호학습, 자극반응학습, 연쇄학습, 언어연상학습, 변별학습, 개념학습, 원리학습, 문제해결학습

② 언어정보

  ㉠ 개념 : 구두 언어, 문장, 그림 등을 사용해서 일련의 사실이나 사태를 진술할 수 있는 학습된 능력. 사실적 지식

  ㉡ 언어정보의 학습방법

    ⓐ 내적 조건 : 학습자는 언어규칙(지적 기능)을 활용할 수 있어야 한다.

    ⓑ 외적 조건 : 선행조직자 필요(유의미 학습의 필요)

③ 인지전략
  ㉠ 개념 : 자신의 학습, 기억, 사고를 관리하도록 학습자의 내적 과정을 통제해주는 기능
  ㉡ 인지전략의 학습방법 : 많은 지적 기능의 학습과 연습
④ 태도(attitudes)
  ㉠ 개념 : 학습을 통해 획득한 인간의 내적, 정신적 경향성으로 학습자의 행동선택에 영향을 주는 것
  ㉡ 태도영역의 학습방법
    ⓐ 내적 조건 : 학습자의 행동적인 표현수단
    ⓑ 외적 조건 : 관찰학습, 대리강화, 동일시
⑤ 운동기능(motor skills)
  ㉠ 개념 : 수많은 조직된 운동행위의 동작수행
  ㉡ 운동기능의 학습방법
    ⓐ 내적 조건 : 운동기능의 절차적 계열이 학습되어야
    ⓑ 외적 조건 : 연습, 시범

(3) 9가지 수업사태(instructional event)

학습자의 내적 과정	수업사태	행동사례(교통 표지판 학습의 예)
주의집중	1. 주의집중 획득	갑자기 자극을 변화시킨다(자동차 사고에 대한 기사 읽어줌).
기대	2. 학습자에게 목표 제시	학습자에게 학습 후에 수행할 수 있게 되는 것이 무엇인지를 알려준다(학습목표를 알려준다).
장기기억으로부터 재생	3. 선수학습의 회상	이전에 학습한 지식이나 기능을 회상시킨다(알고 있는 표지판 변별).
선택적 지각	4. 자극 제시	변별적 특성을 갖는 내용을 제시한다(가르칠 표지판과 명칭을 제시).
부호화	5. 학습안내 제공	유의미한 조직을 제시한다(화면을 제시하여 연습).
재생, 반응	6. 학습자 수행 유도	학습자가 수행하도록 요구한다(질문을 통해 반응유도).
강화	7. 피드백 제공	정보적 피드백을 제공한다(결과에 대한 정보제공).
인출과 강화 (재생을 위한 암시)	8. 수행 평가	피드백과 함께 학습자에게 추가적인 수행을 요구한다(표지판 의미 아는지 평가).
일반화	9. 파지와 전이 증진	다양한 연습과 시간적인 간격을 두고 재검토한다(다양한 표지판을 다양한 상황에서 제공하여 확인하는 연습기회 줌).

라이겔루스 Reigeluth 의 정교화 교수이론

① **단순-복잡의 정교적 계열화(정교화된 계열)** : 단순-복잡의 순서로 학습내용을 조직하는 것
② **선수학습요소의 계열화** : 학습의 구조 혹은 학습 위계에 기초를 둔 것으로 새로운 정보에 대한 선수학습요소를 파악하는 것
③ **요약자(summarizer)** : 학습한 것을 망각하지 않도록 복습하는 데 사용되는 전략요소
④ **종합자(synthesizer)** : 개개의 아이디어들을 서로 연결시키고 통합시키기 위하여 필요한 정교화이론의 전략요소
⑤ **비유(analogy)** : 새로운 정보를 학습자가 친숙한 아이디어에 연결시켜 이해할 수 있도록 도와주는 교수의 전략요소
⑥ **인지전략 자극자** : 인지전략과 그 전략을 활용하는 과정을 자극하고 도와주는 자극자로 학습의 기술과 사고의 기술을 자극하는 것
⑦ **학습자 통제(learner control)** : 학습자 통제란 학습자가 다음의 네 가지를 선택하고 계열화할 수 있는 자유를 갖고 있음을 뜻한다. 즉, ㉠ 학습할 내용의 통제, ㉡ 학습속도의 통제, ㉢ 학습자가 선택한 특정의 교수전략요소와 그 전략요소가 사용되는 순서의 통제, ㉣ 학습자가 수업을 받을 때 사용하는 특정의 인지전략선택 등이 그것이다. 정교화 교수이론은 이러한 네 가지 학습자 통제유형 중에서 학습속도의 통제를 제외한 세 가지 통제양식을 채택하고 있다.

메릴 Merrill 의 내용요소제시이론

(1) 수행-내용 행렬표

수행차원		사실	개념	절차	원리
	발견		〈개념×발견〉 환경오염이 생활에 미치는 피해를 찾을 수 있다.	〈절차×발견〉 다양한 물질을 현미경으로 관찰하는 방법을 찾을 수 있다.	〈원리×발견〉 직각삼각형의 여러 가지 속성을 발견할 수 있다.
	활용		〈개념×활용〉 환경오염의 예를 제시할 수 있다.	〈절차×활용〉 현미경을 조작하여 아메바의 세포구조를 관찰할 수 있다.	〈원리×활용〉 피타고라스의 정리를 이용하여 직각삼각형의 빗변의 길이를 계산할 수 있다.
	기억	〈사실×기억〉 대한민국의 수도는 서울이다.	〈개념×기억〉 환경오염의 개념을 말할 수 있다.	〈절차×기억〉 현미경을 조작하는 단계를 말할 수 있다.	〈원리×기억〉 피타고라스의 정리를 말할 수 있다.
		사실	개념	절차	원리
		내용차원			

(2) 내용요소제시이론의 교수처방

① 일차제시형 : 학습목표에 도달하기 위한 가장 기본적이고도 최소한의 자료를 제시하는 방식

  ㉠ 일반성과 사례 : 인지적 교과들의 표현의 차원

   ⓐ 일반성(Generality) : 정의, 절차, 원리를 추상적으로 진술한 것

   ⓑ 사례(Instance) : 정의, 절차, 원리의 특정한 예들을 일컫는 것

ⓒ 설명식 제시형과 질문식 제시형 : 교사의 제시형식이나 학생이 기대하는 응답형식에 관한 것

ⓐ 설명식 제시형(Expository) : 학습물을 설명식으로 제시하는 것

ⓑ 질문식 제시형(Inquisitory) : 학습물을 질문의 형태로 제시하는 것

일차적 자료제시형	설명 [Expository(E)]	질문 [Inquisitory(I)]
일반성 [Generality(G)]	EG '법칙'	IG '회상'
사례 [Instance(eg)]	Eeg '예'	Ieg '연습'

② 이차제시형 : 일차제시형이 나타내는 바를 보다 더 의미 있고 학습하기에 수월한 형태로 만들기 위해서 부수적인 자료를 제시하는 방식

	EG	Eeg	Ieg	IG
맥락(c)	EG'c	Eeg'c	Ieg'c	IG'c
선수학습(p)	EG'p	Eeg'p		
암기법(mn)	EG'mn	Eeg'mn		
학습촉진도움(h)	EG'h	Eeg'h	Ieg'h	IG'h
표현법(r)	EG'r	Eeg'r	Ieg'r	IG'r
피드백(FB) (ca)correct answer (h)도움 : help (u)사용 : use			FB/ca FB/h FB/u	FB/ca FB/h FB/u

24 켈러 Keller 의 ARCS 이론

(1) 주의력(Attention)
① 의미 : 학습자의 주의력을 유발하는 것
② 주의력 획득 및 유지를 위한 기법
  ㉠ 교수자료의 제시기법을 다양하게 한다.
  ㉡ 구체적인 예를 사용한다.
  ㉢ 특이한 상황이나 문제사태를 제시한다.

(2) 관련성(Relevance, 적절성)
① 의미 : 학습과제와 학습활동을 학습자의 다양한 흥미에 부합되면서도 학습자들에게 의미, 가치가 있도록 인지시키는 것
② 관련성을 위한 전략 및 기법
  ㉠ 새로운 학습과제를 친숙하게 만든다.
  ㉡ 학습자들의 흥미와 관심사에 기초한 실재의 경험 자료를 활용한다.
  ㉢ 학습내용의 미래지향적인 가치에 대해 인식하게 한다.

(3) 자신감(Confidence)
① 의미 : 적정수준의 도전감을 주면서 노력에 따라 성공할 수 있다는 자신감을 심어주는 것
② 자신감을 위한 전략 및 기법
  ㉠ 학습목표를 분명하게 일러주도록 한다.
  ㉡ 난이도의 수준에 따라 학습과제를 계열화한다.
  ㉢ 학습자에게 개인적 학습조절전략 또는 학습통제전략을 적용하도록 한다.

(4) 만족감(Satisfaction)
① 의미 : 학습자의 노력의 결과가 그의 기대와 일치하고 학습자가 그 결과에 만족하게 하는 것. 이는 유발된 동기를 계속 유지시키려는 역할을 한다.
② 만족감을 위한 전략 및 기법
  ㉠ 수행결과에 대하여 다양한 피드백을 제공한다.
  ㉡ 학습한 내용을 일반화하여 적용해 보도록 만든다.
  ㉢ 과제-외재적 보상보다는 과제-내재적 보상을 제공한다.

25 인지적 도제이론

① 개념 : 초보자가 실제 장면에서 전문가의 과제수행을 직접 관찰, 모방하여 지식과 기능을 연마하는 방법
② 도제학습의 절차
  ㉠ 시연단계(modeling) : 실제 과제의 문제해결 전 과정을 전문가가 시범해 보이는 단계
  ㉡ 코칭(coaching) : 학습자가 과제를 수행하면 교사는 학습자에게 코멘트를 해주고 피드백을 준다.
  ㉢ 교수적 도움의 단계(scaffolding) 및 점진적 제거(fading, 용암법) : 문제해결을 위한 인지적 틀을 제시하는 단계이다.
  ㉣ 명료화(articulation) : 학습자가 자신이 구성한 지식과 기능을 실행하여 습득한 지식, 기능, 이해 등을 종합적으로 연계
  ㉤ 반성적 사고(reflection) : 학습자는 자신이 수행하는 문제해결과정을 전문가와 비교하여 반성적으로 검토
  ㉥ 탐구(exploration) : 학습자는 자신의 지식과 기능, 태도를 자유롭게 사용할 수 있는 전략을 탐색

26 문제중심학습 PBL : Problem Based Learning

① 개념 : 학습자들이 현실에서 당면하고 있거나 당면하게 될 수 있는 맥락적인 문제나 사례들을 개인적인 학습활동보다는 다른 학습자들과 소집단 협동학습을 통해 문제를 해결해 나가는 과정
② 문제중심학습의 특징
  ㉠ 자기주도적인 학습
  ㉡ 협동학습
  ㉢ 실제적인 문제

자기주도학습 self-directed learning

① 개념 : 학습자가 스스로 자신의 학습요구를 진단하고 학습목표를 설정하고 학습에 필요한 인적, 물적 자원을 파악하고 적절한 학습전략을 선택, 실행하고 학습결과를 평가하는 과정

② 자기주도학습의 특징
- ㉠ 학습의 자기주도성(self-directness)
- ㉡ 학습자의 자기관리(self-direction)

협동학습 Cooperative Learning

① 개념 : 학습능력이 각기 다른 학습자들이 동일한 학습목표를 향하여 소집단 내에서 함께 활동하는 학습방법

② 전통적 소집단 학습의 문제점
- ㉠ 부익부 현상 : 학습능력이 높은 학습자가 더 많은 반응을 보임으로써 학업성취가 향상될 뿐만 아니라 소집단을 장악하는 현상
- ㉡ 무임승객 효과(free-rider effect) : 학습능력이 낮은 학습자가 적극적으로 학습에 참여하지 않고도 높은 학습의 성과를 공유할 수 있는 것
- ㉢ 봉 효과(sucker effect) : 학습능력이 높은 학습자가 자기의 노력이 다른 학습자에게 돌아가기 때문에 학습참여에 소극적이 되는 현상

③ 협동학습의 특징
- ㉠ 협동학습은 전통적 소집단학습에서 나타나는 부익부 현상, 집단 간의 편파, 학업성적이 낮은 학습자의 자아존중감의 부정적인 측면을 해소하기 위한 방안
- ㉡ 구성원 사이의 긍정적 상호의존성을 강조하면서도 분명한 개별적인 책무성이 존재

④ 협동학습의 모형 : 직소 1, 직소 2, STAD

29. 교수체제설계 ISD : Instructional Systems Design

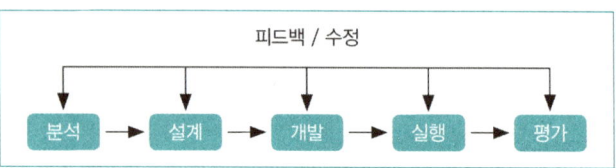

① **분석(analysis)** : 학습과 관련된 요인들을 분석하는 것
  ㉠ **요구분석** : 학습자의 요구를 확인하는 것
  ㉡ **학습자분석** : 학습자의 특성을 파악하는 것
  ㉢ **환경분석** : 설계과정에서 영향을 미치는 제반 환경과 학습환경에 대한 분석
  ㉣ **과제분석** : 교육의 목적을 성공적으로 수행하기 위해 필요한 지식, 기능, 태도 등을 파악하고 이들 간의 계열성을 밝히는 것

② **설계(design)** : 분석의 결과로 밝혀진 정보들을 토대로 구체적인 명세서를 작성하는 것
  ㉠ **목표 명세화** : 목표는 관찰 가능한 용어로 구체적으로 진술
  ㉡ **평가도구 개발** : 목표의 성취도를 측정하기 위해 평가도구를 개발
  ㉢ **교수전략 선정** : 교수전략은 목표를 효과적, 효율적으로 달성하기 위한 구체적인 방법 또는 활동을 선정
  ㉣ **교수매체 선정** : 학습내용, 학습자 특성, 교수방법 및 교수전략에 의해서 결정

③ **개발(development)**
  ㉠ **교수자료 제작** : 교수 프로그램이나 수업에 사용한 교수자료를 제작
  ㉡ **형성평가 실시** : 형성평가를 실시하여 수집된 정보를 바탕으로 교수 프로그램이나 교수자료를 수정하여 실제 교육현장에 활용될 최종 산물을 개발

④ 실행(implementation) : 개발된 교수 프로그램이나 교수자료를 실제 교육현장에서 활용하고 관리
⑤ 평가(evaluation)
  ㉠ **총괄평가 실시** : 평가단계에서는 교육프로그램이나 교수자료의 효과성, 효율성을 측정하기 위해서 총괄평가를 실시

30 Dick & Carey의 체제적 교수설계모형

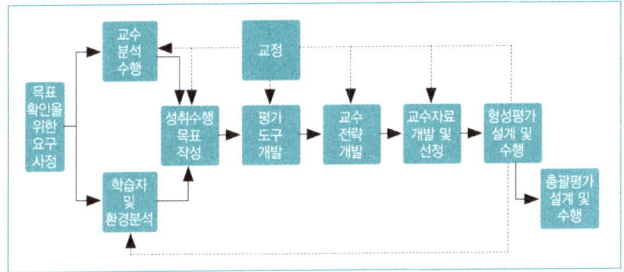

① 교수목적·목표의 확인
  ㉠ 수업이 완결되는 시점에 즈음하여 학습자들이 '할 줄 알게' 되기를 바라는 바가 무엇인지를 결정함
  ㉡ 규범적 요구, 표출된 요구, 감지된 요구, 비교된 요구, 미래의 예견된 요구 분석
② 교수분석
  ㉠ **목표분석** : 교수 프로그램에 담을 내용을 찾는 방법으로서 교수목표를 달성했을 때, 학습자가 보여 줄 구체적인 성취 행동 단계를 표현하여 목표의 유형을 결정하는 것
  ㉡ **하위기능 분석** : 목표의 각 단계에 대한 선수하위 기능을 분석하는 것으로, 그 기능들이 어떤 절차로 학습되어야 하는지를 밝히는 단계 기능들을 도출하여 그 기능들을 성공적으로 학습을 하는 데 꼭 알아야 하는 것을 분석한다.

③ **학습자와 환경의 분석** : 학습자들이 기능들을 배우게 될 맥락(상황, 배경), 그리고 이 기능들을 사용하게 될 맥락상황(환경)들에 대한 분석 작업
④ **성취목표의 진술** : 학습자들이 수업이 끝날 때에 할 줄 알게 되기를 기대하는 것이 무엇인지를 구체적이고 가시적인 수행 행동용어로 진술
⑤ **준거지향검사 문항 개발**
  ㉠ 설정·진술한 목표를 기초로 하여 학습자들이 성취하여 수행할 수 있어야 하는 능력을 측정·검사하는 평가문항을 작성한다.
  ㉡ 검사문항의 유형은 측정하고자 하는 목표의 유형과 일치해야 한다.
⑥ **교수전략의 개발** : 앞의 다섯 단계의 설계 작업에서 얻은 정보에 기초하여, 종착점 목표를 성취하기 위해 교수·학습 행위에서 사용할 전략을 확인하고 개발한다.
⑦ **교수자료 개발 및 선정** : 전 단계의 교수전략에 근거하여 교수자료를 제작·선정하는 단계
⑧ **형성평가의 설계 및 수행**
  ㉠ 전문가 검증, 학습자 개인별 평가(일대일 평가), 소집단 평가 및 현장평가 등 세 가지 유형의 형성평가가 실시된다.
  ㉡ 교수설계자에 의해 수행되는 것
⑨ **수업 프로그램의 개정** : 목표-검사-전략-매체의 일관성과 효과성 및 효율성을 검토하고 그에 따라 수정·보완하는 단계다.
⑩ **총괄평가**
  ㉠ 수업의 효능에 대한 총체적 평가가 이루어진다.
  ㉡ 제3자에 의해 수행되는 것

하인니히의 ASSURE 모델

① **학습자 분석(Analyze leaners)** : 학습자의 일반적 특성, 출발점 능력, 학습 유형을 분석한다.
② **목표 제시(State objective)** : 학습자가 달성해야 할 학습목표를 구체적으로 설정하여 학습의 결과로 습득하게 될 새로운 지식과 경험에 대한 것을 명확하게 진술한다.
③ **교수매체와 자료의 선정(Select media & material)** : 학습과제에 적합한 방법을 선택하고, 방법을 수행하기에 적절한 매체를 선택한다.
④ **매체와 자료의 활용(Utilize media & material)** : 교수매체를 효과적으로 활용하기 위해 자료의 사전 검토, 환경 정비, 학습을 위한 사전 준비를 한다.
⑤ **학습자의 참여 요구(Require learner participation)** : 학습자의 적극적 반응을 유도한다. 교사가 간단한 퀴즈, 토의, 연습문제 등을 제공하거나 교수매체 활용 후에 과제를 부여한다.
⑥ **평가와 수정(Evaluation & revise)** : 학습자의 성취도 평가, 매체와 방법에 대한 평가, 교수-학습과정에 대한 평가를 한다.

 ### 블렌디드 러닝 Blended learning

① **정의** : 두 가지 이상의 전달기제와 학습방법론을 학습목적에 근거하여 적절히 통합함으로써 학습자의 지식과 성과창출을 최적화하려는 학습전략
② Blended learning은 ㉠ 온라인/오프라인 학습환경 간 전달기제의 통합, ㉡ 다양한 학습방법론 간의 통합, ㉢ 학습경험과 업무과제 간의 통합으로 개념화하고 있다.

03. 교육과정

교과중심 교육과정 1920년대 이전

① 개념 : '교수요목', '학년별 교과별 교수내용의 체계'를 교육과정으로 본다.

② 장점
  ㉠ 학생들의 지적능력을 발전시키는 데 가장 적당하다.
  ㉡ 인류의 축적된 문화유산을 가장 잘 이용한다.
  ㉢ 교육과정 구성이나 평가가 다른 교육과정 유형에 비해 간단하고 쉽다.
  ㉣ 초임 교사도 쉽게 운영할 수 있다.

③ 단점
  ㉠ 논리적이고 체계적인 교과조직은 학생들의 흥미, 필요, 능력 등의 심리적인 조직으로서는 부적합하다.
  ㉡ 학습을 세분화하고, 학생들의 학교의 생활을 제한한다.
  ㉢ 지식의 기능적 활용에 토대를 두지 않고 있다.
  ㉣ 학생의 흥미와 욕구가 무시되고 개인차도 무시된다.

④ **교과중심 교육과정의 유형** : 광역, 분과, 상관, 융합

34 경험중심 교육과정 1920~1950

① 개념 : 학교의 지도하에 학생들이 갖게 되는 모든 경험의 총체
② 장점
  ㉠ 학습자의 흥미와 필요에 의한 자발적 활동을 유발하기 쉽다.
  ㉡ 현실적이고 실제적인 생활문제를 해결할 수 있다.
  ㉢ 민주시민으로서의 자질함양이 용이하다.
③ 단점
  ㉠ 기초 학력의 저하를 가져올 수 있다.
  ㉡ 교육과정 분류의 준거가 분명치 못하다.
  ㉢ 교직적 소양과 지도방법이 미숙한 교사는 교육과정 운영에 실패할 수가 있다.
④ 경험중심 교육과정의 유형
  ㉠ 현성 교육과정(Emerging curriculum) : 교과와 학습영역의 구분을 제거할 뿐만 아니라 교육과정의 일방적인 사전계획을 배척하고 청소년의 요구라든지 경험을 중심으로 학생과 협력하여 교육현장에서 교육과정을 계획하고 구성하는 교육과정
  ㉡ 중핵중심 교육과정(Core curriculum)
    ⓐ 개념 : 교과중심 교육과정의 문제점인 단편적인 지식화와 경험중심 교육과정의 문제점인 지나친 현실만족을 시정·보완하기 위하여 연구된 교육과정이다.
    ⓑ 중핵 교육과정의 기본구조는 중심학습(생활학습)과 주변학습(계통학습)으로 구성된다.

35 학문중심 교육과정 1950~1970

① 개념 : '일련의 구조화된 의도적인 학습결과', '지식의 기본구조'가 교육과정이라 본다.
② 장점
  ㉠ 교육내용의 선정조직에 있어서 경제적인 단순화를 기할 수 있다.
  ㉡ 기본개념의 이해를 촉진시킬 수 있다.
  ㉢ 자연현상의 발견력, 탐구력을 향상시킬 수 있다.
③ 단점
  ㉠ 능력이 중상 이상되는 학생들에게만 적당하다.
  ㉡ 이수와 계통을 중심으로 한 일부 교과에 한정되고 있다.
  ㉢ 통합적 교육과정 구성이 소홀하게 되고 있다.

36 인간중심 교육과정 1980~현재

① 개념 : '학생들이 학교생활을 하는 동안에 갖게 되는 모든 경험의 총체'를 교육과정으로 본다.
② 장점
  ㉠ 전인교육을 통하여 인간의 성장 가능성을 조화롭게 발전시킬 수 있다.
  ㉡ 학습자의 개별적인 자기성장을 조장할 수 있다.
  ㉢ 학습자의 자아개념을 긍정적으로 형성하는 데 도움이 된다.
③ 단점
  ㉠ 자유로운 환경조성과 역동적인 인간관계가 유지되지 않으면 교육성과의 보장이 어렵다.
  ㉡ 교사들의 투철한 교육관이 확립되지 않으면 그 실현이 어렵다.
  ㉢ 교육의 인간화가 보장되지 않으면 그 실현이 어렵다.

37 영零 교육과정 Eisner

① 겉으로 확인할 수 없는 무형의 형태로 존재하는 교육과정으로 가르치는 교사의 마음속에 계획되어 있는 교육과정을 의미한다.
② 교육과정을 인본적, 심미적 관점에서 접근하려는 시도이다.

38 Walker의 자연주의적 모형 숙의 모형

① 토대 다지기(강령, platform) : 교육과정 개발과정에서 참여자들이 다양한 견해를 표방하는 단계로 교육이념, 신념, 방향성 등을 정한다.
② 숙의(deliberation) : 다양한 대안들에 대한 논쟁을 거쳐 합의의 과정에 이르는 단계로 구성원들의 토론이 이루어진다.
③ 설계(design) : 숙의 단계에서 선택한 대안을 실천 가능한 것으로 구체화하는 단계로 교육과정 방향을 설계한다.

39 Eisner의 교육과정 개발의 예술적 접근

① 교육목표의 세 가지 형태

종류	특징	평가방식
행동목표 (behavioral objectives)	• 학생의 입장에서 진술 • 행동용어 사용 • 정답이 미리 정해져 있음	• 양적 평가 • 결과의 평가 • 준거지향 검사 사용
문제해결목표 (problem-solving objectives)	• 일정한 조건 내에서 문제의 해결책을 발견 • 정답이 정해져 있지 않음	• 질적 평가 • 결과 및 과정의 평가 • 교육적 감식안 사용
표현적 결과 (expressive outcomes)	• 조건 없음 • 정답 없음 • 활동의 목표가 사전에 정해지지 않고 활동하는 도중 형성 가능	• 질적 평가 • 결과 및 과정의 평가 • 교육적 감식안 사용

② **교육과정의 내용선정** : 교육과정 선택 시 고려해야 할 사항으로, 영 교육과정(null curriculum)에 대해 고려하여야 한다.
③ **학습기회의 유형**
  ㉠ 목표와 내용을 학생에게 의미 있는 학습활동으로 변형하여야 한다.
  ㉡ '**교육적 상상력**' : 교사들이 실제 학생들에게 의미 있고 만족스러운 다양한 학습기회를 제공할 수 있도록 교육목표와 교육내용을 학생들에게 적합한 형태로 변형하는 능력
④ **교육적 감식안과 교육비평**
  ㉠ **교육적 감식안** : 학생들의 성취 형태를 평가하는 일을 오랫동안 주의 깊게 경험한 사람이 학생들의 성취 형태들 사이의 미묘한 차이를 감지할 수 있게 되는 것
  ㉡ **교육 비평** : 감식가가 자신이 느끼는 미묘한 질의 차이를 일반인들, 예컨대 학생과 학부모도 볼 수 있도록 언어로 표현하는 것

40 Pinar의 모형 : 재개념화 이론의 교육과정 모형

① **쿠레레의 재해석**
  ㉠ Pinar는 교육과정의 의미로서 영어의 어원인 라틴어 'currere'가 갖는 본래의 의미, 즉 '교육에 대한 개인적 경험이 갖는 본질적인 의미'를 제안하고 있다.
  ㉡ 'currere'는 경주에서 각각의 말들이 코스를 따라 달리는 개인적인 경험을 지칭하는 것이기도 한다. 'currere'는 외부로부터 미리 마련되어 교육 속에서 아동들에게 일방적으로 주어지는 내용이 아니다. 그것은 교육활동 속에서 아동들 각자의 개인이 갖는 경험의 본질인 것이다. 'curriculum'이 외부에서 나에게 주어지는 하나의 자료라면, 그 자료를 접하고, 읽고, 생각하고, 느끼며, 배우는 나의 모든 생생한 경험들이 바로 'currere'인 것이다.

② 쿠레레의 방법론
  ㉠ 회귀(regressive) : 이 단계에서는 우선 정신분석학적 기법인 자유연상을 통해 과거를 회상하고 기억해낸다.
  ㉡ 전진(progressive) : 이 단계에서는 아직은 존재하지 않지만 현재에 스며있는 미래에 주목한다.
  ㉢ 분석(analytical) : 이 단계에서는 과거와 현재를 함께 검토한다. 분석의 순간에는 미래가 어떻게 과거 안에 존재하며, 또 어떻게 미래 안에 과거가 존재하는지, 아울러 어떻게 과거와 미래 안에 현재가 존재하는가라는 질문을 한다.
  ㉣ 종합(synthetical) : 이 단계에서 학생은 생생한 현실로 돌아가 자기 자신의 목소리를 주의 깊게 듣고 현재의 의미가 무엇인지를 자문한다.
③ 자서전적 방법
  ㉠ 1단계 : 자신의 교육경험을 있었던 그대로 쓰기이다.
  ㉡ 2단계 : 교사나 다른 학생들이 말이나 글로 반응하기이다.
  ㉢ 3단계 : 타인들의 경험을 분석하기이다.

스킬벡 M. Skilbeck 의 학교중심 교육과정 개발 School-Based Curriculum Development

학교중심 교육과정 개발의 5단계 과정

① 상황분석 : 상황을 구성하고 있는 요인들을 분석한다.
② 목표설정 : 기대되는 학습 성과의 종류를 포함하여 교사와 학생의 행동을 담아 목표진술 한다.
③ 프로그램 구성 : 교수-학습활동의 설계, 수단-자료, 적절한 연구 장면의 설계, 인사발령과 역할 분담, 학습시간표 및 규정 등을 구성한다.

④ 해석과 실행 : 교육과정 변화를 야기시키는 문제들을 미리 예측하고 경험의 회고, 관련 있는 이론의 분석, 최신의 이론 등을 통해 문제를 해결한다.
⑤ 모니터링, 피드백, 평가, 재구성 : 조정 및 의사소통체제의 설계, 평가 계획 등을 조절하고 유지한다.

교육내용 조직의 방법 조직의 요소에 따라

① 범위(scope)
  ㉠ 교육내용의 범위를 결정하는 것은 폭과 깊이이다.
  ㉡ 일반적으로, 학교교육이 수준이 높아짐에 따라 교육과정의 범위, 즉 내용의 폭과 깊이는 확대되고 심화된다.
② 계열(sequence)
  ㉠ 계열은 교육내용을 조직하는 종적 방식이다.
  ㉡ 계열은 내용이 가르쳐지는 순서와 무엇이 다른 학습 내용 뒤에 와야 하는지에 관심이 있다
③ 수직적 연계성(vertical articulation) : 수직적 연계성은 이전에 배운 내용과 앞으로 배울 내용의 관계에 초점을 둔 것으로, 특정한 학습의 종결점이 다음 학습의 출발점과 잘 맞물리도록 교육내용을 조직하는 것을 말한다.
④ 통합성(integration)
  ㉠ 통합성은 교육내용들의 관련성을 바탕으로 교육내용들을 하나의 교과나 단원으로 묶는 것을 의미한다.
  ㉡ 통합성은 수업의 효과를 높이기 위하여 관련 있는 내용을 동시에 혹은 비슷한 시간대에 배열하는 것을 말한다.

잠재적 교육과정 hidden curriculum

① 잠재적 교육과정(hidden curriculum)은 학교나 교사의 계획과는 무관하게 학교생활을 통하여 학생이 얻게 되는 모든 경험을 의미한다.
② 이는 비공식적 교육과정이라고 부르며, 학교에서 목표로 세우지는 않았지만 학교생활과 관련된 학생의 변화 전부를 의미한다.

 Wiggins & McTighe의 역방향 설계 backward design **모형**

① 역방향 설계 과정은 논리적으로 개발의 마지막 지점인 바람직한 결과가 무엇인가에 대한 논의에서 출발한다.
② 달성하고자 하는 것이 무엇인가? 학생은 무엇을 알아야 하는가? 무엇을 알 수 있는가? 학생이 습득해야 할 가치와 태도는 무엇인가? 학생이 습득하고 드러내 보여야 하는 기술은 무엇인가? 결국, 이 첫 단계는 학교 프로그램의 목적이나 결과 혹은 기대하는 성과가 무엇인지를 구체화하는 것을 가리킨다고 볼 수 있다.
③ **단계** : 의사 결정(목표 결정) – 평가 결정 – 학습경험과 수업 결정
④ **영속적 이해** : 학생이 교육과정의 세부사항을 잊어버린 후에도 간직하기를 기대하는 포괄적 아이디어나 중요한 이해

04. 교육평가

45 교육관과 평가관

구분	선발적 교육관	발달적 교육관	인본주의적 교육관
기본가정	특정능력이 있는 학습자만이 교육을 받을 수 있다.	누구나 교육받을 능력을 가지고 있다.	누구나 교육받을 능력을 가지고 있다.
관련된 '검사관'	'측정관'과 밀접	'평가관'과 밀접	'총평관'과 밀접
교육에 대한 1차 책임	학습자	교사	학습자 및 교사
강조되는 평가관	학습자의 개별특성	교육방법	전인적 특성
연관된 평가유형	규준지향평가 (상대평가)	목표지향평가 (절대평가)	목표지향평가(절대평가-평가무용론)

Stufflebeam의 CIPP 모형 의사결정촉진모형

① 의사결정의 유형

ⓐ 계획된 의사결정(planning decisions) : 의도된 목적, 혹은 목표를 선정·결정하는 데 관련된 의사를 결정하는 장면

ⓑ 구조적 의사결정(structuring decisions) : 설정한 목표를 달성하기 위한 적절한 전략과 절차에 대해 설계하는 장면

ⓒ 수행적 의사결정(implementing decisions) : 설정된 설계, 방법, 전략을 실행에 옮기는 장면

ⓓ 재순환 의사결정(recycling decisions) : 실제로 달성된 목표를 판단·반영하고, 그 활동 혹은 프로그램 전체를 계속할 것인지, 변경할 것인지, 그만둘 것인지를 결정하는 장면

② 평가유형

ⓐ 상황평가(Context evaluation) : 목표를 결정하는 계획적 의사결정에 필요한 정보를 제공한다. 다시 말해 목표결정을 위한 합리적인 이유를 제공하며, 프로그램 운영의 맥락을 규정하여 준다.

ⓑ 투입평가(Input evaluation) : 목표달성을 위한 절차를 설계하는 구조적 의사결정에 필요한 정보를 제공하며, 목표달성을 위하여 어떻게 자원을 활용할 것인가를 결정하는 데 필요한 정보를 제공한다.

ⓒ 과정평가(Process evaluation) : 실제로 사용되는 절차·전략·방법을 사용, 통제, 개선하는 수행적 의사결정을 도우며, 정기적인 피드백의 사용을 필요로 한다.

ⓓ 산출평가(Product evaluation) : 실제로 달성된 목표를 판단하고 반영하는 재순환 의사결정을 하는 데 필요한 정보를 제공한다.

47 Scriven의 탈목표 평가 goal-free evaluation 모형 가치판단모형

① 판단의 준거
  ㉠ 판단의 준거를 내재적 준거와 외재적 준거로 구별하면서 교육평가는 외재적 준거에 관심을 기울여야 한다고 하였다.
  ㉡ 외재적 준거는 의도된 효과뿐만 아니라 의도되지 않은 부수 효과까지 포함한다.
② **평가의 목적** : 프로그램 참여자들에 의해 구성된 실체로서의 프로그램의 전체 맥락 속에서 나타나는 현상들을 모두 발견, 검증하고 개선하는 데 두었다. 즉, 프로그램의 장점이나 가치를 발견하는 것이다.
③ **평가자의 역할** : 생산자와 소비자를 위해 교육실제의 장점을 판단하는 책임을 진다.

48 상대기준평가 규준지향평가

① **정의** : 평가결과에 대한 해석의 기준을 집단 내의 상대적 위치에서 구하는 평가방법이다.
② 장점
  ㉠ 엄밀한 개인차의 변별이 가능하다.
  ㉡ 경쟁을 통해 학생들의 외현적 동기유발을 할 수 있다.
③ 단점
  ㉠ 인간의 발전성에 대한 신념과 교육의 힘에 대한 신념을 흐리게 할 우려가 있다.
  ㉡ 참다운 학력의 평가가 불가능하다.
  ㉢ 경쟁의식을 조장하여 학생들의 외현적 동기만 유발시킬 가능성이 높다.
  ㉣ 항상 정상분포를 가정하기 때문에 교수-학습의 개선기능이 약화될 우려가 있다.

49 절대기준평가 준거지향, 목적지향평가

① 개념
  ㉠ 자료의 수집 및 해석의 기준을 교육을 통해 달성하려는 교육목표인 도착점행동에 두는 평가로 목표지향적 평가라고 한다.
  ㉡ 평가에 있어서 타당도 개념이 강조된다.

② 장점
  ㉠ 인간의 무한한 가능성과 교육의 효과에 대한 신념을 기초로 한다. 즉, 부적 편포를 전제로 한다.
  ㉡ 학생들 사이의 경쟁심을 제거하고 협동적인 학습이 가능하다.
  ㉢ 불필요하고 비합리적인 지적 능력의 분류를 배제할 수 있다.

③ 단점
  ㉠ 엄밀한 개인차 변별이 불가능하다.
  ㉡ 목표로 진술되지 않은 다른 것에 대해서는 평가가 불가능하다.

50 절대평가와 상대평가의 종합적 비교

① 목표지향평가(절대평가)
  ㉠ 학생이 무엇을 성취했느냐에 관심이 있고, 이것이 평가의 궁극적인 목적이다.
  ㉡ 대부분의 학생이 기대하는 성취수준에 비추어 성공할 수 있다는 신념이 있다.
  ㉢ 목표를 추구하는 적극적인 입장에서 인간을 파악한다.
  ㉣ 학습자가 의도하여 설정한 교육목표를 성취 또는 달성하였느냐가 최대의 관심이다.
  ㉤ 개인차는 교육의 누적적 실패에서 오는 결과이며, 노력을 통해서 영으로 줄일 수 있다.

ⓑ 교육평가의 기능 그 자체를 교수-학습과정과 밀접하게 관련된 것으로 보고, 교수-학습과정에 도움을 주는 하나의 변수로 간주한다.
ⓢ 심리측정의 전통보다는 물리측정에서 다루는 절대측정의 개념에 의존하고 있어 신뢰도보다 타당도를 중시한다.
ⓞ 진단적 기능과 형성적 기능이 강조되어 교수의 의사결정이 보다 중요하다.

② **규준지향평가(상대평가)**
ⓐ 학생성취가 상대적으로 평가된다.
ⓑ 어차피 성공자와 실패자는 존재하기 마련이라고 본다.
ⓒ 인간을 수동적으로 길러가는 자극-반응의 기제로 본다.
ⓓ 특정의 학습자가 다른 학습자에 비해 얼마나 더 성취하였는가 하는 상대적 우세에 관심을 갖는다.
ⓔ 원천적으로 개인 간의 변량에 관심이 있고, 집단을 전제로 하기 때문에 여러 가지 행동특성에서 나타나는 개인차는 필요불가결한 현상이다.
ⓕ 교육평가는 교수-학습과정과 관련되어 있지 않으며, 관련된다 하여도 극히 자연적·우발적·임의적인 것에 지나지 않는다.
ⓢ 심리측정에 영향을 받아 신뢰도에 우선적 가치를 부여한다.
ⓞ 대개 수업이 진행되기 전후에 학생의 행동특성에 관한 상대적 위치에 관한 정보를 알기 위해 사용한다.

51 진단평가

① 수업 시작 전에 실시되는 예진적 활동이다.
② 학생들의 학습 결손 유무에 대한 정보를 알아내는 것을 목적으로 한다.
③ 학습 실패의 교육 외적 원인(신체적, 심리적, 환경적 요인)을 알아보는 활동이다.

52 형성평가

① 개념 : 수업 진행 도중 수시로 실시하는 평가로, 수업과 학습의 진정상황에 대한 정보를 수집, 분석하여 그 수업 및 학습을 개선하는 것이 목적이다.

② 기능
  ㉠ 학습 진행속도를 조절할 수 있다.
  ㉡ 학습에 대한 강화 역할을 한다.
  ㉢ 학습 곤란점을 밝힐 수 있다.
  ㉣ 지도력 방법 개선을 위한 시사점을 얻을 수 있다.

53 총괄평가

① 개념 : 일정 기간 동안 수업이 종결되었을 때 학생들의 학업성취도를 총괄적으로 평가하는 것이다.

② 기능
  ㉠ 성적 측정을 한다.
  ㉡ 장래 성적 예측에 도움을 준다.
  ㉢ 집단성과를 비교할 수 있다.
  ㉣ 학습지도의 장기적 질 관리가 가능하다.

54 성장지향평가 growth-referenced evaluation

① 정의 : 성장지향평가는 현재 성취를 과거의 성취수준과 비교하여 해석하는 방식이다.
② 장점과 단점
  ㉠ 장점 : 이 평가방식은 과거에 비해 어느 정도 성장했는가를 파악하고자 할 때 유용하다.
  ㉡ 단점
    ⓐ 통계적인 측면에서 차이점수는 신뢰도가 낮다는 문제점이 있다.
    ⓑ 일반적으로 사람들은 성적을 성취수준과 동일시하고 있으므로 진보나 향상 정도를 기준으로 성적을 줄 경우 성적의 의미를 왜곡시킬 가능성도 있다.
    ⓒ 이러한 평가방식을 채택하면 학생들이 사전검사에서 일부러 틀릴 가능성도 있다.

55 능력지향평가 ability-referenced evaluation

① 정의 : 능력지향평가는 점수를 학습자의 능력수준에 비추어 해석하는 방식이다.
② 문제점
  ㉠ 능력지향평가를 하려면 능력수준을 정확히 추정해야 하는데, 능력수준을 정확하게 추정하기가 매우 어렵다는 문제점이 있다.
  ㉡ 학습과제에 관련된 필수적인 능력이 무엇인지 명확하게 알 수 없다는 제한점이 있다.
  ㉢ 능력지향평가는 학습자의 능력이 변화되지 않는다고 가정하고 있으나, 이 가정에도 오류가 있다.

56 노력지향평가 effort-referenced evaluation

① 노력지향평가는 학생들이 기울인 노력의 정도를 기준으로 성적을 주는 방식이다.
② 이 방식으로 성적을 부여하면 열심히 노력한 학생이 높은 성적을 받게 된다.
③ 그러나 이 방식으로 부여한 성적은 어느 정도 노력했는가는 나타낼지 몰라도 어느 정도 성취했는가는 나타내지 못하므로 성적의 의미를 왜곡시킬 가능성이 있다.

57 수행평가

① 개념 : 교사가 학생이 학습과제를 수행하는 과정이나 그 결과를 보고, 그 학생의 지식이나 기능, 태도 등에 대해 전문적으로 판단하는 평가 방식
② 수행평가의 일반적 특징
  ⊙ 교사의 전문적인 판단에 의거하여 평가한다.
  ⓒ 학생 스스로 답을 작성하거나 행동으로 나타내도록 하는 평가방식이다.
  ⓒ 추구하고자 하는 교육목표의 달성 여부를 가능한 실제 상황에서 파악하고자 하는 방식이다.
  ② 교수-학습의 과정도 결과와 함께 중시하는 평가방식이다.
  ⑩ 학생의 학습과정을 진단하고, 개별학습을 촉진하려는 노력을 중시하는 방식이다.
  ⑪ **집단에 대한 평가도 중시** : 절대평가에 의한 목표달성수준을 비교한다.
  ⊘ 학생 개개인의 변화·발달과정을 종합적으로 평가하기 위해 전체적, 지속적으로 평가한다.
  ⊙ 평가와 과정의 통합으로 평가가 교수-학습과정의 한 부분이다.
  ⊘ 측정에 있어서 타당도는 높으나 신뢰도가 낮다는 단점이 있다.

58 Bloom의 교수목표 이원분류

① 인지적 교수목표(복합성의 원칙에 따라 분류)
  ㉠ 지식 : 학생들이 교육과정 속에서 경험한 아이디어나 현상을 기억했다가 재생하는 것이다.
  ㉡ 이해
    ⓐ 이해는 학생이 의사전달을 받게 되면 전달되는 내용을 알게 되고, 거기에 포함된 자료나 아이디어를 이용할 수 있는 능력이다.
    ⓑ 이해력의 하위목표로는 번역, 해석, 추론이 있다.
  ㉢ 적용 : 적용은 특수한 사태, 구체적인 사태에 추상적인 개념을 사용하는 능력이다.
  ㉣ 분석 : 분석력은 주어진 자료를 하위요소로 분해하고 요소들 간의 관계와 그것이 조직되어 있는 방법을 발견하는 능력이다.
  ㉤ 종합 : 종합력은 여러 개의 요소나 부분을 전체로서 하나가 되도록 묶는 방법, 능력을 의미한다.
  ㉥ 평가 : 평가력은 판단력, 비판력이라고도 할 수 있는 것으로, 어떤 목적을 갖고 아이디어, 작품, 방법, 소재 등에 대해 가치판단을 하는 능력이다.

② 정의적 교수목표(내면화의 원칙에 따라 분류)
  ㉠ 감수(receiving) : 감수는 어떤 자극에 대해 주의나 관심을 기울이는 것을 의미한다.
  ㉡ 반응(responding) : 반응은 자신이 선택한 어떤 활동이나 대상에 대해 선호의 감정과 싫증을 가지게 된다.
  ㉢ 가치화(valuing) : 자신이 좋아하거나 싫어하는 것에 대한 감정을 행동으로 나타내는 단계이다.
  ㉣ 조직화(organization) : 어떤 가치를 개념화하여 그것을 사물이나 현상, 활동을 판단하는 기초로 사용하는 단계이다.
  ㉤ 인격화(characterization) : 이 단계는 완전히 체계화된 인생철학, 가치관이 확립되어 그것이 일관적인 체계를 가지고 모든 사물, 사건, 행동에 적용되는 단계이다.

59 선택형 객관식 문항

① 개념: 지시문이나 문두와 함께 여러 개의 답지 또는 선택지중에서 적합한 답지를 선택하도록 하는 문항 형식이다.

② 장점
  ㉠ 채점의 객관성과 신뢰성이 높다.
  ㉡ 일정한 시간에 여러 내용과 많은 문제를 실시할 수 있다.
  ㉢ 채점이 객관적이고 쉽고 빠르며, 결과도 쉽고 의미 있고 통계처리와 해석이 가능하다.

③ 단점
  ㉠ 단순한 기억력 또는 정보지식의 측정에 치우칠 위험이 있다.
  ㉡ 제작시간이 많이 걸린다.
  ㉢ 추측요인을 완전히 제거하는 것이 불가능하다.
  ㉣ 표현력을 측정하기에 부적합하다.
  ㉤ 창의성 발휘의 기회가 부족하다.

④ 선다형 문항 제작 원리
  ㉠ 일반적 제작 원리
    ⓐ 작성된 검사의 이원분류표에 의거하여 문항이 제작되어야 한다.
    ⓑ 문항은 사소한 내용을 피하고, 중요한 학습내용을 포함해야 한다.
    ⓒ 하나의 문항은 하나의 내용(개념, 원리, 사실)만 묻도록 제작되어야 한다.
    ⓓ 교재에 있는 문장은 다른 말로 바꾸어서 사용하거나 새로운 상황과 보기를 사용해서 출제해야 한다.
  ㉡ 문두의 제작원리
    ⓐ 문두에는 핵심적인 내용과 조건, 제한사항 등을 포함시켜 진술해야 한다.
    ⓑ 정답에 대한 조건이나 기준을 문두에 명시해야 한다.
    ⓒ 문항의 질문형태는 가능하면 긍정문이어야 한다.

ⓒ 답지의 제작원리
  ⓐ 답지를 제작할 때는 오답의 매력도가 높도록 작성해야 한다.
  ⓑ 같은 문항에서는 답지의 의미나 범위가 서로 중복 또는 중첩되지 않도록 해야 한다.
  ⓒ 답지는 가능하면 논리적 순서에 따라 배열해야 한다.
  ⓓ 정답과 오답지의 위치는 골고루 배치되도록 해야 한다.

60 서답형 주관식 문항

① 개념 : 문두만을 제시하여 응답자로 하여금 답을 생각해서 쓰도록 하는 형식의 문항이다.
② 장점
  ㉠ 학생들의 자유반응을 허용할 수 있다.
  ㉡ 문제출제가 쉽다.
  ㉢ 태도 측정에 용이하다.
  ㉣ 고등정신능력 측정이 가능하다.
③ 단점 : 채점이 주관적이고 어려울 뿐 아니라 객관도가 낮다.
④ 논문형 문항의 제작 원리
  ㉠ 수험자의 입장에서 문항이 제작되어야 한다.
  ㉡ 주관식 검사문항의 제작에서는 '평가목표와의 관련'에 특히 유의해야 한다.
  ㉢ 질문이 명료해야 한다. 요구하는 응답의 범위와 답을 작성 또는 표현하는 방식을 구체적으로 제시해야 한다.
  ㉣ 객관적인 채점을 고려하여 제작되어야 한다.
  ㉤ 채점시 각종 평정의 오류를 범하지 말아야 한다.

61 타당도 validity

(1) **개념**: 검사 또는 평가 도구가 측정하려고 하는 것을 어느 정도로 측정하고 있느냐의 정도를 말한다.

(2) **타당도의 유형**

① 내용타당도(content validity)
  ㉠ 개념
    ⓐ 내용타당도는 논리적 사고에 입각한 논리적인 분석과정으로 판단하는 주관적인 타당도로 객관적 자료에 근거하지 않는다.
    ⓑ 특히 학업성취도 검사의 내용타당도는 검사 제작 전에 작성한 이원분류표에 의해 문항들이 제작되었는지를 확인하는 과정을 통해 검증된다.
  ㉡ 장점: 내용타당도는 계량화되어 있는 정보를 제공하지 못한다고 하여도 전문가의 판단에 의하여 검사의 타당성을 입증받게 되는 것이므로 검사의 목적에 부합하는가의 여부를 검증할 수 있다는 장점이 있다.
  ㉢ 단점
    ⓐ 정의에 대한 통일된 인식이 없는 특성, 특히 정의적 행동특성을 측정할 때 전문가마다 다른 견해를 가지는 경우가 많으므로 내용타당도에 대해 각기 다른 검사가 나올 수 있다.
    ⓑ 또한 내용타당도는 계량화되지 않았기 때문에 타당성의 정도를 표기할 수 없다는 점도 단점이라고 하겠다.

② 예언타당도(predictive validity)
  ㉠ 개념: 어떤 평가도구가 목적하는 준거를 정확히 예언하는 힘으로 예언 능률의 정도에 의해 표시되는 타당도를 말한다.
  ㉡ 장점: 검사도구가 미래의 행위를 예측해 주기 때문에 예언타당도가 높으면 선발, 채용, 배치 등의 목적을 위하여 검사를 사용할 수 있다.

ⓒ 단점 : 동시측정이 불가능하므로 검사의 타당성을 검증하기 위해서는 시간적 여유가 필요하다는 점을 들 수 있다.
③ 공인타당도(concurrent validity)
　㉠ 개념
　　ⓐ 어떤 검사 점수가 '현재' 시점에서 다른 검사 점수와 어느 정도 일치되느냐의 정도를 말한다.
　　ⓑ 공인타당도는 새로 제작된 검사의 점수와 타당성을 검증받은 기존 검사 점수 간의 상관계수에 의하여 추정된다.
　㉡ 장점 : 계량화되어 타당도에 대한 객관적인 정보를 제공할 수 있으며 타당도의 정도를 나타낼 수 있다.
　㉢ 단점 : 타당성을 입증받은 기존의 검사가 있다고 하더라도 그 검사와의 관계에 의하여 공인타당도가 검증되므로 타당성을 입증받은 기존의 검사에 의존한다.
④ 구인타당도(construct validity) : 한 검사가 조작적으로 정의된 어떤 특성이나 성질을 측정했을 때 그것을 과학적 개념으로 분석하고 의미를 부여하는 과정이다.
⑤ 생태학적 타당도(ecological validity) : 검사의 내용이나 절차가 검사를 실시하고자 하는 피험자들의 사회문화적 배경이나 주변 상황과 타당한가를 검토하는 것이다.
⑥ 결과타당도(consequential validity) : 검사나 평가를 실시하고 난 다음의 결과에 대한 가치판단이다.

62 신뢰도 reliability

(1) **개념**: 측정하고자 하는 현상을 일관성 있게 측정하는 능력으로 안정성, 일관성, 예측가능성, 정확성 등으로 표현할 수 있는 것을 의미한다.

(2) **신뢰도의 유형**

① 재검사 신뢰도(안정성계수)

   ㉠ 개념: 동일한 피검사자 집단에 같은 검사 X를 일정 시간 간격을 두고 두 번 실시하여 얻은 두 개 검사 점수 사이의 상관 계수로 표시된다.

   ㉡ 장점

   ⓐ 재검사 신뢰도는 같은 검사를 두 번 실시하기 때문에 문항의 차이에서 기인하는 오차가 작용하지 않는다.

   ⓑ 동형검사를 제작하는 번거로움도 피할 수 있다.

   ⓒ 같은 날 검사와 재검사를 실시하면 매일 변화되는 요인들의 영향을 통제할 수 있다.

   ⓓ 계산이 쉽다.

   ㉢ 해결해야 할 난점

   ⓐ 재검사 신뢰도의 가장 큰 문제점은 같은 검사를 같은 집단에 두 번 실시하기 어렵다는 것이다.

   ⓑ 재검사 신뢰도의 두 번째 문제점은 같은 검사를 두 번 실시할 수 있다고 하더라도 시간 간격이 너무 짧으면 기억 효과로 인해 피검사자들이 첫 번째 검사와 거의 동일한 반응을 하게 되고, 그 결과 재검사 신뢰도를 과대추정할 가능성이 있다.

② 동형검사 신뢰도(동형성계수)

   ㉠ 개념: 두 개의 동형검사를 같은 집단에 거의 연속적으로 실시하여 얻은 검사 점수 사이의 상관계수를 의미한다.

　　　　ⓒ 장점
　　　　　ⓐ 기억, 연습 효과를 최소한으로 감소할 수 있다.
　　　　　ⓑ 시험 간격이 문제가 되지 않으며 신뢰도 계수 추정이 쉽다.
　　　ⓒ 해결해야 할 난점
　　　　　ⓐ 완전히 같은 동형검사를 제작하기가 어렵다.
　　　　　ⓑ 확보된 신뢰도가 낮을 경우 측정 효과의 신뢰도가 본래부터 낮아서 그런 것인지 아니면 두 개의 양식을 동등하게 하는 데 실패한 것인지, 그 이유를 밝혀내기 어렵다.
　③ 반분 신뢰도(동질성계수)
　　ⓖ 개념 : 검사를 실시한 다음 그것을 동형검사가 되도록 두 개의 하위검사로 나누었을 때 두 부분 사이의 상관계수로 표시한다.
　　ⓒ 장점 : 반분 신뢰도 계수는 검사를 한 번만 실시해도 신뢰도 계수를 구할 수 있고, 연습효과나 기억효과를 통제할 수 있으며, 역량검사(power test : 시간을 제한하지 않고 곤란도 수준이 다양한 문항들을 제시하여 수행수준을 측정하려는 검사)의 신뢰도 계수를 구하는 방법으로 적합하다.
　　ⓒ 해결해야 할 난점
　　　　ⓐ 반분 신뢰도 계수는 검사를 두 부분으로 나누는 방식에 따라 신뢰도 계수가 달라진다는
　　　　ⓑ 속도검사에는 적용할 수 없다.
　　　　ⓒ 반분 신뢰도 추정치를 Spearman-Brown 공식으로 교정해야 하는 번거로움이 있다.
　　　　ⓓ 문항들이 동일한 특성이나 능력을 측정하지 않을 경우 신뢰도 계수가 낮아진다
　④ 문항내적 신뢰도(동질성계수)
　　ⓖ 개념 : 검사에 포함된 문항 하나하나를 독립된 검사로 간주하여 문항에 대한 반응(정답-오답)의 일관성을 종합하려는 방법이다.

- ⓒ 장점
  - ⓐ 계산이 쉽고 검사를 한번만 실시해도 되기 때문에 기억 및 연습효과가 작용하지 않는다.
  - ⓑ 반분 신뢰도와 달리 검사를 반으로 구분하지 않아도 되므로 반으로 구분하는 방식의 영향을 받지 않고, Spearman-Brown 공식을 적용할 필요가 없다.
- ⓒ 해결해야 할 난점
  - ⓐ 속도검사에서는 적용할 수 없다.
  - ⓑ 검사의 문항들이 단일 특성을 측정하지 않을 경우 신뢰도 계수가 낮아진다.

63 문항난이도 item difficulty

① 문항이 쉽고 어려운 정도를 나타내는 지수이다. 문항곤란도라고도 한다.
② 난이도를 추정하는 공식을 보면 정답률이라고 하는 것이 정확한 표현이다. 즉, 총 피험자들 중에서 답을 맞힌 피험자의 비율을 말한다. 이는 해당 문항에 정답할 확률이다.
③ 문항난이도에 의한 문항을 평가하는 절대적 기준은 없으나 .30 미만이면 매우 어려운 문항 .30 이상 .80 미만이면 적절한 문항, 그리고 .80 이상이면 매우 쉬운 문항이라 평가한다.

64 문항변별도 item discrimination

① 개개 문항이 한 시험 또는 검사에서 총점이 낮은 학생과 높은 학생을 구분해 줄 수 있는 변별력을 말한다.
② 문항이 능력에 따라 피험자를 변별하는 정도를 나타내는 지수이다.

65 오답지의 매력도

오답지가 정답지처럼 보여 피험자가 오답지를 정답으로 택할 수 있는 가능성을 의미한다.

66 표준점수

① 개념
  ㉠ 전체사례 속에서 자신의 위치를 객관화한 점수이다.
  ㉡ 정상분포에서 나타난 위치를 점수로 나타낸 점수로 서열을 알 수 있는 점수이다.

② 종류
  ㉠ Z점수 : $Z = X-M / SD$
  (X : 개별점수, M : 평균, SD : 표준편차)
  ㉡ T점수 : $T = 50 + 10Z$

67 참여관찰 participant observation

① 참여관찰법은 관찰자가 피관찰자와 같은 행동상황 속에 들어가서 피관찰자의 행동을 관찰하려는 방법이다.
② 예를 들어, 거지의 사회를 연구하기 위해 거지가 되며, 죄수들의 생활을 연구하기 위해 죄수가 되는 것이다.
③ 일반적으로 인류학자들이 많이 사용하는 관찰의 방법이므로 '문화기술적 연구'(ethnographic study)라는 용어와 함께 사용된다.
④ 참여관찰에서는 피관찰자가 관찰되고 있음을 의식하지 못하게 하는 것이 최상의 방법이지만, 이것이 여러 가지 상황으로 불가능한 경우는 관찰자임을 알리고 피관찰자와 같이 생활을 한다.

⑤ **장점** : 심층적인 연구가 가능하며 관찰대상의 자연성과 연결되므로 포괄적인 연구를 할 수 있고, 평소에는 관찰할 수 없는 특수한 행동에 관한 자료수집을 할 수 있다.
⑥ **단점** : 상당한 정도의 시간과 노력이 소요되고, 관찰하는 동안에 감정적 요소의 영향을 받을 수 있으며, 관찰결과를 표준화하기가 힘들다.

모레노 Moreno 의 사회성 측정법

① **개념** : 집단 구성원들 사이의 상호관계 및 비형식적인 집단 형성의 구조를 알아내는 방법
② **사회성 측정결과 해석상의 유의점**
   ㉠ 사회성 측정결과는 성원들이 소망하는 잠재적인 사회적 연합의 형태이며 이것이 현실적인 관계와 반드시 일치한다고는 볼 수 없다.
   ㉡ 사회성 측정은 경우에 따라서 사실대로 측정되지 못하는 수가 있다.
   ㉢ 사회성 측정결과는 질문의 성질, 선택허여수, 실시의 절차에 따라서 달라질 수 있다.
   ㉣ 교우도에 그려진 사회적 관계의 형태는 반드시 고정성을 띤 것은 아니다.
   ㉤ 집단의 한계를 벗어나지 못한다.

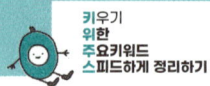

05. 교육사회

69. 구조기능주의 Structural functionalism

① 구조(structure)와 기능(function) : 사회는 생물학적 유기체와 같이 여러 부분이나 기관으로 구성된다.
② 통합(integration) : 상호의존적인 여러 기관이나 부분이 전체의 생존과 존립에 공헌하고 있는 관계로 본다.
③ 안정(stability) : 생명체는 건강을 위해 안정을 중요하게 여기듯이, 사회도 혼란보다는 안정을 추구한다.
④ 합의(consensus) : 부분 간의 관계는 조화, 협동, 합의의 관계로 맺어지게 된다.

70. 뒤르케임 Durkheim 의 사회화

① 보편 사회화 : 모든 구성원이 동일하게 배워야 하는 그 사회의 가치나 규범을 사회화시키는 것을 말한다.
② 특수 사회화 : 개인의 적성이나 흥미에 따라 이루어지는 사회화의 방식으로 개인이 속하게 되는 특수한 직업집단이 요구하는 지적, 도덕적 특성의 함양을 가리킨다.

71. 드리븐 Dreeben 의 사회화 규범

① 성취(achievement)의 규범 : 개인의 업적을 통한 성취가 중요하다는 규범이다.
② 독립(independence)의 규범 : 자신의 일은 자신이 책임을 져야 한다는 규범이다.

③ 보편성(universalism)의 규범 : 모든 아동은 똑같은 규칙의 지배를 받는다는 규범이다.
④ 특수성(specificity, 예외)의 규범 : 정당한 사유가 있다면 예외도 인정받는다는 규범이다.

슐츠 Schultz 의 인간자본론 human capital theory

① 교육을 통해 사회경제발전에 필요한 인적 자본을 생산할 수 있다는 입장이다.
② 학력에 따른 수입의 차이는 교육에 의한 지식과 기술의 차이, 말하자면 생산성의 차이 때문이라고 설명한다. 완전경쟁적인 노동시장에서 노동자의 생산성에 의해 임금이 결정된다는 것이다.
③ 교육에 보다 많은 투자를 하도록 하는 데는 기여했으나, 학력과 직업이 일치된다고 보기 힘들고, 교육적 투자가 교육과 수입 사이의 관계를 명확히 설명한다고 보기 힘들다.

알튀세 Althusser 의 이데올로기론

① 이데올로기(Ideology) : 인간 존재를 결정짓는 물질적인 것으로 사회적 조건에 의하여 생성된다.
② 상부구조의 개념
　㉠ 억압적 국가기구(repressive state apparatus)
　　ⓐ 강제적인 힘의 행사를 통하여 계급갈등을 규제하는 기능을 수행한다.
　　ⓑ 군대, 경찰, 교도소 등이 그 예이다.
　㉡ 이데올로기적 국가기구(ideological state apparatus)
　　ⓐ 이데올로기의 조정과 통제를 통하여 계급갈등을 규제하고 기존 질서를 유지한다.
　　ⓑ 학교, 가정, 언론, 정치단체, 예술기관 등이 그 예이다.

74 보울스 Bowles 와 긴티스 Gintis 의 경제재생산론

(1) **상응이론(correspondence theory)**
① 그들에 의하면, 생산의 사회적 관계와 교육의 사회적 관계는 대응관계가 있다는 것이다.
② 노동자들이 직무내용에 대해 통제권이 없는 것과 마찬가지로 학생들은 교육과정에 대해 통제권이 없다.
③ 노동이 외적 보상인 임금을 얻기 위해 이루어지는 것과 같이 교육도 외적 보상인 성적, 졸업장 취득 등을 목적으로 한다.
④ 다양한 교육수준은 다양한 수준의 직업구조에 대응된다.
⑤ 따라서 각 개인이 위계적 경제구조 속에서 경험하는 불평등하고 억압적인 사회관계는 학교교육 속에서도 그대로 반영된다.

(2) **학교의 기능**
① 보울스와 긴티스에 의하면, 학교는 생산현장에서 필요로 하는 규범과 인성특성을 내면화시킨다.
② 학교교육은 개인의 전인적 발달을 도모하는 것도, 경제적 지위나 기회의 평등화를 위한 수단도 아니다. 단지 자본주의 사회의 위계화된 계급구조가 재생산되는 기제로 작용할 뿐이다.

75 부르디외 Bourdieu 의 문화재생산론

(1) **상징적 폭력(symbolic violence)**
① 지배계급의 문화가 일방적으로 모든 계급에게 지식으로 강요되는 것을 말한다.
② 계급편향적인 문화는 모든 학생들에게 강제된 교육내용이 된다.

(2) **문화자본(cultural capital)의 개념과 종류**
① 문화는 생산·분배·소비되는 경제적 자본의 운동 원리와 비슷하게 문화시장을 형성할 뿐만 아니라, 소유한 문화형태에 따라 화폐적 가치를 지니는데 이를 문화자본이라 한다.

② 문화자본의 종류
  ㉠ 아비투스적 문화자본 : 어렸을 때부터 자연스럽게 체득된 지속적인 성향
  ㉡ 객관화된 상태로서의 문화자본 : 책이나 예술품 등
  ㉢ 제도화된 상태로서의 문화자본 : 졸업장, 자격증

(3) **아비투스(Habitus)**
① 각각의 계급 혹은 사회계급 내의 파벌들이 그들의 특징적인 문화양식이나 지배유형을 발전시켜 그 관점을 갖고 아동을 사회화시키고, 그들의 세계관을 형성해나가는 것을 말한다.
② 아비투스는 내면화된 문화자본으로서 계급적 행동유형과 가치체계를 반영하고 있다.

76 윌리스 Willis 의 저항이론

① 간파(penetration) : 노동계급의 학생들은 이미 부모나 친척, 아르바이트를 통해 얻은 직업세계에 대한 정보와 경험이 학교에서의 진로지도와 학교교육의 내용과 다르다는 것을 터득함으로써 그들이 장차 속하게 될 직업과 그 속에서의 위치를 파악하고 있다.
② 제한(limitation) : 학생들의 정체감에 내재해 있는 남성우위의 태도와 가치에 따라 노동계급의 남학생들이 정신노동을 허약한 여자들이나 하는 일쯤으로 여기고 육체노동에 의미를 부여하는 것으로 노동계급의 남학생들이 자신의 계급을 되풀이하여 사회이동에 한계가 있다는 것이다.

77 콜린스 Collins 의 지위경쟁이론

① 학력이 지위획득의 수단이기 때문에 사람들이 경쟁적으로 높은 학력을 취득하므로 학력은 계속 상승된다고 보는 입장이다.
② 졸업장 병, 과잉학력, 학력 인플레이션 현상을 설명해 줄 수 있다.
③ 학교는 특정한 지위문화가 전달되는 곳이다.

78 번스타인 Bernstein 의 언어사회화와 계급

(1) 계급에 따른 언어사회화

① 정교화된 어법(elaborated linguistic codes) : 중류계급이 쓰는 언어의 형태로 인과적, 논리적 관련을 가지고 있으며 정확한 문법 구조에 맞추어 언어를 사용한다.

② 제한된 어법(restricted linguistic codes) : 하류계급이 쓰는 언어의 형태로 막연한 상투적 표현을 주고받기 때문에 말의 내용을 통해서가 아니라, 말을 주고받는 사람들의 정서적 유대 때문에 서로의 의사소통이 이루어진다.

(2) 교육과정에 내재되어 있는 권력과 통제의 원리

① 분류화(classification) : 교육과정을 구성하고 있는 각 교과들의 독립성 정도를 말한다.
   ㉠ 집합형 코드(collective code) : 분류화의 정도가 강한 것으로, 각 교과목의 전문성이 강조되며 교과목 내용 간의 경계선이 뚜렷이 구분된다.
   ㉡ 통합형 코드(intergrated code) : 분류화의 정도가 약한 것으로, 교과목 내용 간의 경계선이 뚜렷이 구분되지 않으며 교과목을 통합하는 횡적 교류를 강조하고 있다.

② 구획(구조화, frame)
   ㉠ 과목 내 또는 학과 내의 조직의 문제로서, 가르칠 내용과 가르치지 않을 내용의 구분이 뚜렷한 정보, 계열성(sequence)의 엄격성 정도, 시간 배정의 엄격성 정도 등을 나타내는 개념이다.
   ㉡ 구조화는 그 정도에 따라 교육내용의 선정, 조직, 진도, 시간배당에 대한 교사와 학생의 통제력의 정도가 달라지는 것을 알아보기 위한 개념이다.
   ㉢ 구조화가 강하면 교사나 학생이 의사를 반영하기 어렵고, 반대로 구조화가 약하면 그들의 의사를 반영하기가 쉬울 것이다.

(3) 보이는 교수법과 보이지 않는 교수법

① 가시적 교수법 : 지식의 전달과 성취를 강조하는 것으로 보수적 교수법이라 할 수 있다.

② 비가시적 교수법 : 외적인 잣대에 따라 등수를 매기는 것이 아니라 학습자의 내적인 변화를 중시한다. 학생들의 인지적, 언어적, 정의적, 동기수준에서의 변화를 강조한다.

79 맥닐 McNeil 의 방어적 수업

(1) 개념 : 교사들이 학급 내의 규율을 유지하기 위하여 교과내용을 독특한 방식으로 제시하고 있으며, 교수방식도 학생들의 반응을 줄이는 방식으로 진행하는 수업 방식

(2) 방어적 수업의 유형

① 단편화 : 이는 어떠한 주제든지 단편들 혹은 서로 연결되지 않는 목록들로 환원시키는 것이다.

② 신비화 : 교사들은 종종 논의의 여지가 있거나 복잡한 주제는 그것에 관한 토론을 막기 위해서 신비한 것처럼 다룬다. 즉, 교사들은 그 주제는 매우 중요하지만 알기 힘든 것처럼 보이게 한다.

③ 생략 : 학생들이 몰라도 된다고 생각하는 부분이나 한 단원 전체를 생략하고 넘어 가는 행위이다.

④ 방어적 단순화 : 다룰 내용을 깊이 들어가지 않고 간단하게 짚고 넘어가는 방식이다. 교사들은 학생들의 능력이 모자란다고 여겼을 때 그것을 극복하기 위하여 이 전략을 사용한다.

80 기회의 허용적 평등

① 모든 사람에게 동등한 기회가 주어져야 한다는 관점이다.
② 허용적 평등관은 인간의 선천적 능력은 각기 다르기 때문에 교육의 양은 능력에 비례해야 한다는 능력주의 사상에 바탕을 두고 있다.

81 기회의 보장적 평등

교육평등을 실현하기 위해서는 취학을 가로막는 경제적, 지리적, 사회적 제반 장애 요소를 제거하자는 입장

82 과정의 평등

교육기회균등은 학교에 접근할 수 있는 기회를 동등하게 제공하는 것만으로는 불충분하고, 교육시설이나 교사의 질, 교육과정과 같은 교육조건 등에 있어서 학교 간 차이가 없어야 한다는 주장

83 결과의 평등 보상 평등

① 교육결과가 같지 않으면 평등이 아니라는 생각으로 누구나 최저능력면에서 격차를 내지 않도록 하는 일종의 학력의 평준화 방식이다.
② 사회적, 경제적, 지역적인 격차를 축소시켜 보자는 데 주요 의도가 있으며, 학생 간, 계층 간, 지역 간의 교육적 불평등을 축소시키려는 접근이다.

84 콜맨 Coleman 의 사회적 자본

① **경제적 자본** : 가족의 부나 소득으로 측정되며, 학생들의 학업성취를 도울 수 있는 물적 자원을 의미한다.
② **인간 자본** : 부모의 교육수준으로 측정되며, 학생의 학업을 돕는 아동의 인지적 환경을 제공한다.
③ **사회적 자본**
   ㉠ 가족 내의 사회적 자본 : 부모가 자녀들에게 투자하는 시간과 노력으로, 부모와 자식 사이의 관계를 의미한다.
   ㉡ 가족 밖의 사회적 자본 : 이는 사회적 자본을 개인이나 개별 가정의 내부 수준에서 이해하는 것이 아니라 한 가정이 사회와 연결을 맺는 관계로 이해한다.

85 로젠탈과 제이콥슨 Rosental & Jacobson, 1968 의 피그말리온 Pygmalion 현상

학생의 학업성취에 향상을 보이리라는 교사의 기대가 실제로 향상을 가져오는데, 이 기대효과는 저학년과 하류계층 학생, 성적이 중간일수록 더 뚜렷하게 나타난다.

86 사회통제 이론

① 이 이론은 사회 구성원들이 비행 또는 일탈행동을 하지 않고 규범을 준수하는 것은 비행동기가 없기 때문이 아니라 내적, 외적 사회통제에 연유된다고 본다.
② 사회통제 이론은 청소년 비행의 동기보다는 어떠한 시점에서 사회통제가 무너짐으로써 일탈의 여지가 생기는지 그 조건을 분석하는 데 강조점이 있다.

87 낙인이론

① 벡커(Becker, 1963)에 의하면, 일탈자는 낙인이 성공적으로 붙여진 사람이며 일탈행위란 사회가 낙인을 찍은 행위라고 본다. 낙인의 과정은 추측 – 정교화 – 고정화의 과정으로 이루어진다.
② 즉, 범죄성은 어떤 타입의 행위 자체의 본질적인 특성에 의하여 결정되는 것이 아니라 그런 행위에 관여한 사실이 발견된 자에게 사회 구성원들이 주는 지위이고, 일탈자로 낙인을 찍는 그 과정 자체가 그 사람의 후속 행위를 또 다른 일탈행위로 결정하는 중요한 요인이 된다는 것이다.

88 차별적 접촉이론

① 차별적 접촉이론은 서덜랜드(Sutherland)에 의하여 전개되었는데, 그는 주로 비행 및 범죄의 과정에 관심을 가졌다.
② 차별적 접촉이론을 한마디로 정의한다면, 범죄행위도 일반 행위와 마찬가지로 학습된다는 것이다.

06. 교육심리

스턴버그 Sternberg 의 지능삼원론

① **구성적 지능**: 지적행동과 관련된 개인의 정신과정을 말하는 것으로 대상이나 상징의 내적 표상에 영향을 미치는 기초적 정보과정을 말한다. 이 지능은 다음의 3가지 요소로 이루어져 있다. 상위요소, 수행요소, 지위획득요소가 그것이다.

② **경험적 지능**: 새로운 문제에 당면했을 때, 낡고 부적절한 사고방식을 버리고 새로운 개념 체계를 필요로 하게 된다. 즉, 통찰력이 필요하게 된다.

③ **상황적 지능(실용적 지능)**: 이 지능은 외부환경에 대응하는 능력, 즉 현실상황에서의 적응력을 강조한다.

Witkin의 장독립적-장의존적 인지양식

(1) 장독립적 인지양식

① 일반적 특성

　㉠ 장독립적(field independence)인 학습자는 어떤 사물을 지각할 때, 그 사물의 배경이 되는 주변장의 영향을 받지 않거나 적게 받는 사람을 말한다.

　㉡ 심리적 분화가 잘된 사람으로 자신의 주변에 있는 다른 사람 및 세계를 보다 분화된 방식으로 경험하며 자신이 경험한 것을 잘 분석하고 구조화한다.

　㉢ 사회적 관계에 별로 관심이 없어서 개인주의적 형태를 보인다.

　㉣ 자연과학, 공학과 같은 학과에 적합한 인지양식이다.

② 학습특성
  ㉠ 사회적 내용의 자료에 집중하는데 외부의 도움을 필요로 한다.
  ㉡ 구조화되지 않은 상황을 자기 나름대로 구조화하는 데 능숙하다.
  ㉢ 명료한 지시나 안내 없이도 문제를 잘 해결할 수 있다.
  ㉣ 자신이 설정한 목표나 강화를 갖는 경향이 있다.
  ㉤ 비판의 영향을 적게 받는다.
③ 동기화되는 경우
  ㉠ 장독립형은 점수와 경쟁, 활동의 선택과 개인적 목표를 통해서 동기화되는 경향이 있다.
  ㉡ 따라서 과제가 얼마나 유용한지를 보여주고 자신이 구조를 디자인할 자유를 줌으로써 동기화가 효율적으로 이루어진다.

(2) **장의존적 인지양식**
① 일반특성
  ㉠ 장의존성(field dependence)인 학습자는 사물을 지각함에 있어서 그 사물의 배경, 즉 주변의 장에 영향을 많이 받는 사람으로 비교적 비분석적이고 직관적으로 자극을 지각하고 인지한다.
  ㉡ 어떤 사물을 지각할 때 그 사물의 배경과 단서, 즉 주변의 장에 의해 좌우되는 인지양식을 말한다.
  ㉢ 심리적 분화가 잘 이루어지지 않아 주어진 대상을 전체적으로 파악하려는 경향이 있다.
  ㉣ 의존적인 성격으로 타인의 비판에 영향을 많이 받는다.
  ㉤ 적합한 전공학과 – 인문, 사회계열
② 학습특성
  ㉠ 사회적인 내용을 다룬 자료를 잘 학습한다.
  ㉡ 사회적인 정보를 더 잘 기억한다.
  ㉢ 외부에서 설정한 구조나 목표, 강화를 필요로 한다.
  ㉣ 외부의 비판에 많은 영향을 받는다.
  ㉤ 비구조화된 자료를 학습하는 데 어려움을 겪는다.

③ 동기화되는 경우
  ㉠ 장의존형의 학생은 언어적 칭찬과, 외적 보상이 효과적이며 다른 사람에게 과제의 가치를 보여줌으로써 동기화된다.
  ㉡ 교사의 업무를 돕는 것을 통해서 동기화된다.
  ㉢ 학습과제의 윤곽과 구조를 제시함으로써 동기화 시킬 수 있다.

91 내발적 동기 내재적 동기

① 외부적 효과에 의해 형성된 동기가 아니라 그 자체에서 만족을 느끼는 동기이다.
② 호기심, 성취동기, 동일시, 자아개념, 발견의 희열과 같은 것이 그 예이다.

92 외발적 동기 외재적 동기

① 과제와는 상관없이 보상과 처벌 같은 외적 요인에 의하여 형성된 동기를 말한다.
② 시험, 진급, 상벌 등이 그 예이다.

93 내적 동기유발의 방법

① 학습문제에 대해 호기심을 갖게 한다.
② 성취감을 갖게 한다.
③ 실패의 경험을 줄인다.
④ 지식, 기능, 인격 등에 감명을 줄 수 있는 모델을 상정하고 이에 동일시하도록 한다.

94 외적 동기유발의 방법

① 학습목표를 분명히 알게 한다.
② 약간의 경쟁심을 자극한다.
③ 학습결과를 상세히 알려준다.
④ 상과 벌을 적당히 이용한다.

95 자기결정이론 self-determination theory

① **유능성 요구(competence need)** : 환경에서 효과적으로 기능을 발휘하려는 능력에 대한 요구를 말한다. 유능성 지각에 가장 큰 영향을 미치는 요인은 능력이 향상되고 있다는 긍정적인 피드백이다.
② **자율성 혹은 통제요구(autonomy or control need)** : 자신의 소망에 따라 독립적으로 행위를 결정하려는 요구로, 내적 통제소재와 비슷한 개념이다. 자율성 요구를 충족시키려면 학습에 대한 선택권을 부여하면 된다.
③ **관계 요구(relatedness need)** : 다른 사람과 긴밀한 정서적 유대와 애착을 형성하고, 그 결과 사랑과 존중을 받으려는 요구를 말한다. 그러므로 부모와 교사가 학습자에게 관심을 갖고 배려하면 내재적 동기가 높아진다.

96 목표지향이론

① **숙달목표** : 자신이 스스로 설정한 기준과 자기계발이라는 측면에서 주어진 내용을 학습하고 숙달하는 것, 도전적인 과제를 성취하려고 노력하는 것, 그리고 이를 통해 통찰력을 가지려고 노력하는 것과 같이 학습과정 및 활동 자체에 초점을 둔다.
② **수행목표** : 본인의 역량과 능력을 증명하고, 다른 사람들과의 비교에 초점을 둔다.

97 귀인이론

학업성취 귀인의 3가지 차원

① 내적·외적 차원 : 원인의 소재를 자기의 내부에서 찾는지, 아니면 자신의 외부에서 찾는지에 관한 요인이다.

② 안정·불안정 차원 : 원인이 시간과 상황의 변화에 따라 안정적인지, 불안정한지에 관한 요인이다.

③ 책임감 차원 : 원인을 학습자의 의지로 통제가 가능한지, 가능하지 않은지에 관한 요인이다.

98 기대×가치 이론

① 기대구인(expectancy construct) : 과제를 수행했을 때 성공할 수 있는 가능성에 대한 개인의 신념과 판단

② 가치요인(value components) : 과제의 가치에 대하여 가지는 신념

99 피아제 Piaget 의 인지발달이론

(1) 사고의 기본적 경향

① 조직화 : 행동과 사고를 조리 있는 체계로 결합하고, 배열하고, 재결합하고, 재배열하는 것을 말한다.

② 스키마(Schema, 인지도식) : 유기체가 가지는 외부환경에 대한 이해의 틀을 말하는 것으로, 개인이 가지고 있는 행동의 유형이다.

③ 순응

㉠ 환경에 대한 적응을 말하며, 피아제는 인간은 출생 순간부터 더 만족스럽게 순응하는 방식을 찾는다고 보았다. 순응에는 2개의 기본적 과정, 즉 동화와 조절이 있다.

㉡ 동화(assimilation) : 우리가 이미 알고 있는 것에 맞춰서 새로운 것을 이해하려고 노력하는 것으로, 새로운 정보를 기존의 도식에 맞추는 것이다.

ⓒ 조절(accommodation) : 새로운 상황에 맞추기 위해 기존의 도식을 변화시키는 것을 말한다.

④ **평형화** : 환경에서 들어온 정보와 인지적 도식 간의 정신적 균형을 추구하는 것이다.

(2) 인지발달단계

① 감각운동기(0~2세)
  ㉠ 언어가 나타나기 이전의 아동은 사고활동을 수행할 수 없으며, 단지 감각적 자극에 대한 신체적인 반응으로서의 동작만을 수행할 수 있다.
  ㉡ 대상 영속성(항구성 개념)이 초기에는 없다가 감각운동기 말기에 시작한다.

② 전조작기(2~7세)
  ㉠ **언어발달** : 자기중심적 언어를 사용하여 전개념, 집단독백의 특징이 나타난다.
  ㉡ **자아중심성** : 타인의 입장을 고려하지 못한다.
  ㉢ **물활론적 사고** : 모든 대상이 살아 움직인다고 생각한다.
  ㉣ **중심화** : 한 가지 관점에서만 대상을 인식한다. 따라서 보존의 개념이 발달하지 못한다(비가역성).
  ㉤ **직관적 사고** : 눈에 보이는 특징에만 근거하여 사고한다.

③ 구체적 조작기(7~11세)
  ㉠ **가역적 사고** : 변형된 형태가 반대의 절차에 따라 다시 현재의 상태로 되돌아갈 수 있음에 대한 사고를 말한다(2+3=5이면, 5-3=2라는 사실의 이해).
  ㉡ **보존개념이 발달** : 부피의 개념을 안다. 물체가 공간적 배열을 달리하거나 모양을 다르게 해도 그 속성은 변하지 않는다는 것을 안다.
  ㉢ **탈중심화** : 한 사물을 여러 관점에서 볼 수 있다.
  ㉣ 공간추리능력이 발달한다.
  ㉤ 분류와 서열화가 가능하다.

ⓑ 자기중심성을 극복하여 타인을 인식, 대화가 가능해진다(언어의 사회화).
④ **형식적 조작기(12세 이후)**
   ㉠ **가설 설정 능력의 발달** : 여러 현상에 대해 가설을 설정할 수 있으므로 구체적이며 실재론적인 아동기 사고의 한계에서 벗어나 가능성에 대해 생각할 수 있다.
   ㉡ **조합인인 사고의 발달** : 청소년들은 과학자처럼 사고하기 시작한다. 즉, 문제해결을 위해 사전에 계획을 세우고, 체계적으로 해결책을 시험하는 경향이 강하다.
   ㉢ **명제적 사고(propositional thought)** : 형식적 조작기의 청소년들은 현실 세계의 상황을 고려하지 않고도 언어적 진술에 따른 명제의 논리를 평가할 수 있다.
   ㉣ **반성적 추상화(reflective abstraction)** : 반성적 추상화는 구체적인 경험과 관찰의 한계에서 벗어나서 제시된 유용한 정보에 근거해서 내적으로 추리하는 과정으로, 새로운 지식을 창조하는 일에 깊이 관여한다.
   ㉤ **청소년기의 자기중심적 사고** : 상상적 관중(imaginary audience), 개인우화(personal fable)

100 비고츠키 Vygotsky 의 인지발달이론

① **비계설정** : 유능한 또래나 성인의 안내나 도움을 받아 문제해결의 확신을 갖게 되고 이를 통해 문제를 해결하는 것
② **근접발달지역(Zone of Proximal Development, ZPD)** : 아동이 혼자서는 도달할 수 없지만 유능한 타인의 도움으로 도달할 수 있는 학습영역이 근접발달지역이다(비계설정에 의한 학습영역).

101 프로이트 Freud 의 성격발달이론

(1) 성격구조

① id(원초아) : 성격이 가진 본능, 열정, 충동적인 부분
② ego(자아) : 성격이 가지고 있는 현실적인 부분을 의미
③ superego(초자아) : 성격이 가지는 이상적인 부분으로, 양심으로 표현된다.

(2) 성격 발달 단계

① 구강기(oral stage, 0~1세) : 성격의 원형이 형성되는 시기로 id가 발달한다.
② 항문기(anal stage, 2~3세) : 배변훈련이 성격에 영향을 미치는 시기로, 주로 ego가 발달한다.
③ 남근기(성기기, phallic stage, 4~5세) : 이 시기는 자신의 성기에 관심을 가질 뿐만 아니라 부모의 성에 대해서도 눈을 뜨는 시기이다. 오이디푸스 콤플렉스, 엘렉트라 콤플렉스
④ 잠복기(latent stage, 6~11세) : 성적 관심이 잠재적으로 존재하는 단계이다. 성적 갈등이 억압되고, 성적 에너지는 학교 공부나 놀이 등과 같은 사회적으로 바람직한 활동들로 넘어간다.
⑤ 생식기(genital stage, 12세 이후) : 사춘기에 접어들면서 이성에 대한 사랑의 욕구가 생긴다.

102 에릭슨 Erikson 의 심리 · 사회적 성격발달이론

① 신뢰감 대 불신감(0~18개월)
② 자율성 대 수치심(18개월~3세)
③ 주도성 대 죄책감(3~6세)
④ 근면성 대 열등감(6~12세) : 자신이 행한 업적을 통해 인정받고 싶은 욕구가 큰 시기이다. 따라서 교사는 이 단계에서 학생이 잘하지 못하는 것을 강조하기보다는 잘하는 것을 강조하는 것이 중요하다.

⑤ **정체감 대 역할혼미(12~18세)** : 자신의 특징이 결정되는 시기이다. 에릭슨은 정체감 확립을 위해 이 시기에 유예기를 갖는 것이 필요하다고 주장하였다.
⑥ **친밀감 대 고립감(19~25세)**
⑦ **생산성 대 침체감(25~54세)**
⑧ **자아통정성(통합성) 대 절망감(54세 이상)**

Marcia의 정체감 지위 이론

① 개념
  ㉠ 위기 : 청소년기에 있어서 능동적으로 여러 직업이나 신념 가운데 하나를 선택하려는 횟수
  ㉡ 확신 : 어떤 직업이나 신념에 대해 몰두하는 정도
② 정체감 유형
  ㉠ **정체감 혼미형** : 직업, 이성, 신앙, 가치 등에 대해서 심각하게 생각할 기회가 없어서 아무런 위기를 느끼지 않는 상태이다. 위기와 확신을 모두 겪지 않은 상태
  ㉡ **정체감 유예형** : 정체감 문제를 의식하고 그 해결을 위해 탐색하지만 아직 만족할 만한 대답을 얻지 못한 상태이다. 위기는 겪었으나 확신이 없는 상태
  ㉢ **정체감 성취형** : 직업이나 이성, 신앙 등의 문제에 대해서 스스로 선택하여 어느 정도의 확신을 이룬 상태이다. 위기와 확신을 모두 겪은 상태
  ㉣ **정체감 폐쇄형** : 부모가 추천한 직업, 이성관, 가치관 등을 그대로 수용하기 때문에 전혀 정체감에 대한 문제의식을 느끼지 못한다. 위기는 경험하지 못했으나 확신이 있는 상태

104 콜버그 Kohlberg 의 도덕성 발달이론

① 1단계－벌과 복종 지향의 도덕성 : 벌의 회피를 위해 규칙을 준수한다.
② 2단계－욕구 충족을 위한 도덕성 : 이 단계의 행동은 개인적 욕구를 충족시키는 데 기초를 두고 있다. 즉, 물질적 이해타산에 집착하여 조금도 손해를 보지 않는 방향으로 행동한다.
③ 3단계－정신적 승인을 위한 도덕성 : 타인을 만족시키기 위한 인정을 받기 위한 도덕성으로 도덕적 판단은 자기 주변의 다른 사람들의 공통적인 생각에 기초를 둔다.
④ 4단계－법과 질서지향의 도덕성 : 이 단계의 도덕적 판단은 보편적인 사회적 규칙, 규범에 기초를 두고 있다. 사회가 정해놓은 법률이나 규범이 도덕적 판단의 기준이 된다.
⑤ 5단계－사회계약으로서의 도덕성 : 이 단계의 도덕적 판단은 광범위한 견해를 고려하는 종합적인 것이다. 절대적인 규칙이란 없으며, 규칙은 항상 변화될 수 있다. 사회 정의에 대한 해석과 논의가 다양해진다.
⑥ 6단계－보편적 원리 지향으로서의 도덕성 : 자신에 대한 책임에 의한 행동을 하고 자신의 도덕적 원리에 의해 판단한다.

105 Skinner의 작동조건형성 조작적 조건화

강화(reinforcement)

① 강화(reinforcement) : 어떤 특수한 반응이 일어날 확률을 증강시키는 모든 사상(事象)을 말한다.
② 강화의 유형
  ㉠ 정적 강화(positive reinforcers) : 어떤 행동이 일어난 직후에 주어졌을 때, 또는 그 상황이 가해졌을 때, 그 행동이 장차 일어날 확률을 높이는 자극이다.

ⓒ 부적 강화(negative reinforcers) : 어떤 행동이 일어난 직후에 제거했을 때, 또는 그 상황에서 감해졌을 때, 그 행동이 장차 일어날 확률을 높이는 자극이다.
③ **강화계획(reinforcement schedule)** : 강화조건을 어떤 패턴에 따라 조절했을 때, 반응에 특징적인 현상이 나타난다. 강화조건의 패턴화를 강화계획이라 한다.
㉠ **계속적 강화** : 각 행동마다 강화물을 주는 강화 계획으로, 행동을 빨리 변화시키기 때문에 학습 초기 단계에 가장 효과적이다.
ⓒ **간헐강화(부분강화)** : 반응할 때마다 강화물을 제시하지 않고 가끔씩 강화하는 것으로, 계속적 강화보다 행동의 약화에 대한 저항이 강하기 때문에 소거에 대한 저항이 강하다고 하며 학습된 행동을 유지하는 데 유용하다.
ⓐ **고정비율계획(fixed-ratio schedule, FR)** : 일정한 수의 반응을 한 후에 강화를 주는 것을 말한다.
ⓑ **고정간격계획(fixed-interval schedule, FI)** : 일정한 시간이 경과한 뒤에 한 첫 번째 반응에 강화가 주어지는 계획이다.
ⓒ **변동비율계획(variable-ratio schedule, VR)** : 고정비율계획처럼 일정한 수의 반응을 한 뒤에 강화가 주어지지만, 강화와 강화 간의 반응수가 어떤 평균수에 따라 변동한다.
ⓓ **변동간격계획(variable-interval schedule, VI)** : 지난 강화로부터 일정한 시간이 경과한 뒤에 한 첫 번째 반응에 강화가 주어지도록 강화 간 시간이 어떤 평균을 중심으로 변동한다.
④ **결손행동증강을 위한 행동수정기법**
㉠ **정적 강화** : 아동이 바람직한 행동을 했을 때 그것을 보상하는 것으로, 미래의 행동발생률을 향상시킬 수 있는 후속자극을 말한다(칭찬, 사탕, 돈 등이 그 예이다).

- ⓒ 부적 강화 : 아동이 바람직할 행동을 할 때 아동이 싫어하는 것을 제거해 주는 것을 말한다.
- ⓒ 차별강화(differential reinforcement) : 여러 행동종목 중 어느 하나만을 선택적으로 강화하는 것을 말한다.
- ⓔ 행동형성(조성, shaping) : 아동이 한 번도 해본 적이 없는 새로운 행동을 가르치는 방법으로, 출발점 행동부터 시작하여 최종목표에 이르기까지 단계들을 나누어 아동에게 쉬운 단계부터 하나하나씩 요구한다. 그리고 그 단계들에 도달할 때마다 그 행동을 강화해준다.
- ⓜ 프리맥의 원리(Premack Principle) : 빈도가 높은 행동은 빈도가 낮은 행동에 대해서 강화력을 갖는다는 것이다.
- ⓗ 조건화된 강화와 토큰강화
    - ⓐ 조건강화는 그 자체로는 강화능력을 가진 것은 아니지만, 다른 강화자극과 연합되어 행동을 강화할 수 있는 힘을 갖게 된 것을 말한다. 따라서 조건강화는 2차적 강화자극, 학습된 강화자극이라 부르기도 한다.
    - ⓑ 학급에서 이러한 조건 강화자극으로 널리 사용되는 것이 토큰강화이다. 토큰강화자극은 스티커, 도장 같은 것으로 돈처럼 교환가치가 부여되어 강화자극을 획득한다.

⑤ 과잉행동 약화를 위한 행동수정기법
- ⓐ 상반행동의 강화 : 문제행동에 상반되는 다른 행동을 찾아 적절히 강화하는 방법이다.
- ⓒ 소거 : 행동이 더 이상 강화될 수 없도록 이제까지 주어지던 강화를 중단하는 일이다.
- ⓒ 타임 아웃(Time Out, TO) : 벌의 일종으로, 학생들이 그릇된 행동을 한 다음에 받게 되는 정적 강화의 기회를 차단함으로써 그 행동이 강화되지 않도록 하려는 것이다.
- ⓔ 체계적 감감법(체계적 탈감법) : 특정자극에 대한 문제행동이 있을 때에 미약한 자극부터 시작하여 점차로 높이는 방법으로 문제행동을 지연시켜 소멸시키는 기법이다.

106 Bandura의 관찰학습

① 관찰학습(observational learning) : 타인의 행동을 관찰함으로써 학습하는 것
② 관찰학습의 과정
   ㉠ 주의집중단계 : 관찰학습이 일어나기 위해서는 관찰자(학습자)가 모델의 행동에 주의를 기울여야 한다.
   ㉡ 파지단계 : 관찰한 행동을 상징적으로 파지, 즉 기억하는 단계이다.
   ㉢ 재생단계 : 상징적 약호화가 모델의 행동의 내적 모델을 만들고, 그것이 관찰자의 행동을 인도한다.
   ㉣ 동기화단계 : 관찰을 통하여 학습한 행동은 강화를 받아야(동기화되어야) 실행하게 되고, 만일 그 행동의 실행이 벌을 받는다면 그 행동은 일어나지 않을 것이다.

107 정보처리이론

(1) 기억의 구조

① 감각등록기 : 외부에서 들어온 자극 또는 정보는 아주 짧은 시간 동안 단기감각 저장고에 저장된다. 감각등록기에 들어온 자극에 주의를 기울이면 그 정보는 단기기억 및 작업기억으로 옮겨간다.
② 단기기억(작동기억)
   ㉠ 단기기억 : 우리가 의식하는 기억으로, 그 용량은 7chunk로, 한번에 7±2개의 정보를 담을 수 있다고 한다. 이 속의 정보는 새로운 정보가 들어오면 금방 잊어버릴 수 있다.
   ㉡ 작동기억 : 단기기억의 일부분으로, 단기기억을 우리가 의식하는 기억이라고 한다면 작업기억은 그 의식기억을 유지하기 위하여 – 잊지 않으려고 – 메모하는 것으로 생각할 수 있다.
③ 장기기억 : 단기기억 및 작업기억 내의 정보는 시연(試演)을 하면 장기기억 속으로 들어가게 된다. 장기기억의 역량도 단기감각 저장고처럼 상당히 크며, 그 용량은 무한대이다.

(2) **정보의 장기적 파지를 위한 전략**
① 정교화(elaboration) : 새로운 정보를 기존의 지식과 연결하여 의미를 부여하는 것으로, 정보의 의미가 정밀해져 장기기억에 오래 저장될 수 있다.
② 조직화(organization) : 따로따로 떨어진 별개의 정보들에게 질서를 부여하는 것으로, 의미가 연결되기 때문에 더 많은 양을 오래 기억하는 데 도움이 된다.

108 부호화 특수성 이론 encoding specificity principle

부호화하여 기억해 넣을 때의 단서와 인출해서 꺼내려 할 때의 단서(맥락)가 합치될수록 좋다. 기억할 때와 인출할 때의 물리적 환경 상태, 언어적 맥락, 자신의 신체적, 정서적 상태 등의 단서가 동일하거나 유사해야 기억이 잘 된다는 '부호화 합치성' 원리가 적용된다.

109 페이비오 Paivio 의 이중부호화 모형 Dual-coding Theory

① 이중부호화 이론에 의하면, 인간은 두 가지 인지적 부호화 기능을 가지고 있다. 즉, 시각정보는 공간적으로 부호화되고, 언어정보는 계열적으로 부호화된다는 것이다.
② 이중부호화 이론에 따르면, 정보의 재생은 기억에서 어떤 정보를 찾는 것이기 때문에, 두 개의 정보처리 위치를 가진 정보가 한 개만의 위치를 가진 정보보다 잘 회상된다는 것이다. 따라서 단어, 그림 또는 소리정보가 어떤 공간상의 서로 관련된 위치에 제시될 때, 그것들이 계열적으로 순서 지워졌을 때와는 다르게 처리된다.
③ 언어정보와 시각정보를 별도로 제시하는 것보다는 함께 제시하는 것이 효과적일 것이고 이는 멀티미디어가 단일매체보다 학습에 효과적일 것이라는 주장을 지지해준다.

110 전이의 이론

① **형식도야설(formal discipline theory)** : 인간의 지적 능력은 특별한 교과의 학습을 통해 형성된다고 본다. 따라서 형식도야설은 교과중심 교육과정과 관련된다. 특정교과를 통하여 정신적 능력이 형성되면 다른 교과에도 영향을 미친다고 본다. 그리고 교과를 통해 능력이 양성되면 학교 밖에서나 일상생활에까지 저절로 전이가 잘 일어난다고 믿었다.

② **동일요소설(identical elements theory)** : 선행학습과 후행학습 사이에 동일한 요소가 있을 때 전이가 잘 된다고 보았다. 따라서 학교는 현실생활에 관련된 내용을 다루어야 한다.

③ **일반화설(generalization theory)** : 주드(Judd, 1908)는 전이가 일어날 수 있는 중요한 조건은 학생들이 새로운 장면에 적용하거나 일반화할 수 있는 일반 법칙이나 원리를 학습하는 것이라 믿었다. 일반적 원리를 알면 전이가 잘 일어난다고 본다.

④ **형태이조설(transposition theory)** : 일반화설이 확장된 것으로, 이 이론은 어떤 상황에서의 완전한 형태의 수단-목적 관계를 이해하는 것이 원리를 이해하는 것보다 전이가 더 잘 일어나도록 한다고 본다.

111 합리화

그럴듯한 이유를 들어서 자신의 행동이나 일의 결과가 타당하고 정당함을 내세움으로써 곤란한 상황이나 실망스러운 결과에서 벗어나고자 하는 기제이다.

112 투사

자신의 잘못을 감추고 문제의 원인을 외부의 잘못으로 규정하거나, 자신의 불만이나 불안을 해소하기 위해 남에게 뒤집어씌우는 기제이다.

07. 생활지도와 상담

생활지도의 주요영역

① **학생조사활동(student inventory service)** : 학생들에 대한 정확한 이해와 지도에 필요한 기초 자료를 수집하는 활동

② **정보활동(information service)** : 아동에게 필요한 각종 정보와 자료를 제공하여 그들의 개인적 성장과 사회적 적응을 돕기 위한 활동

③ **상담활동(counseling service)** : 상담자와 내담자 간의 독특한 관계와 상담의 기술을 통해 학생들의 자율성과 문제해결력을 생성시키고 학생들의 적절한 감정처리를 위하여 조력함으로써 정신건강을 향상시키고 적응을 돕는 활동이다.

④ **정치(定置)활동(placement service)** : 취업지도, 진학지도, 학과선택지도 등에 있어서 자기 자신과 희망하는 진로를 정확하게 이해하여 자기가 있어야 할 제자리를 현명하게 선택하도록 도움을 주는 적재적소에 배치하는 활동

⑤ **추수(追隨)활동** : 지도를 받은 학생들의 추후의 적응상태를 항상 보살피며 보다 나은 적응을 하도록 돕는 활동이다.

⑥ **위탁활동** : 생활지도의 활동 중 교사들이 자력으로 해결할 수 없는 상황에 처할 때 생활지도 계획을 전문가에게 위탁하여 학생에게 도움을 주는 활동

114 상담의 기본 조건 상담자의 기본 조건

① 수용 : 상담자를 찾아오는 사람들이 어떤 문제를 지니고 있건, 또는 어떤 인간적 결점을 지니고 있건 간에 관계없이 그를 한 인간으로서, 존재하고 성장하며 발달해야 될 필요가 있는 귀중한 인간으로 존중하는 것
② 공감적 이해 : 상담자가 내담자의 입장이 되어서 이해하는 것을 말한다.
③ 일치 : 내적인 경험과 그에 관한 인식의 합일을 일치라 한다. 또 다른 일치로는, 상담자와 내담자의 상담목표와 동기가 서로 일치하는 것을 말한다.
④ 래포(rapport) 형성 : 상담자와 내담자 사이의 신뢰감, 친밀감을 rapport라 한다. 상담에 있어서 래포의 형성은 원활한 상담을 위해 중요한 요소이다.

115 재진술

상담자가 내담자의 말을 그대로 되풀이하는 것을 말한다. 내담자의 말을 재진술 해줌으로써 내담자 자신이 자기가 한 말을 더 깊이 생각하도록 하는 것이다.

116 반영

내담자의 말과 행동에서 표현된 기본적인 감정, 생각 및 태도를 상담자가 다른 참신한 말로 부연해 주는 것이다.

117 명료화

내담자의 말 속에 내포되어 있는 것을 내담자에게 명확하게 해주는 것을 말한다.

118 직면

내담자가 모르고 있거나 인정하기를 거부하는 생각이나 느낌에 대해 주목하도록 하는 방법이다.

119 해석

내담자가 말한 경험내용에 새로운 의미와 관련성을 부여하여 언급하는 것이다.

120 Ellis의 합리적 · 정의적 상담 RET : Rational-Emotive Therapy

(1) 개요

① 부적응의 원인은 비합리적 신념과 왜곡된 판단이다. 즉, 잘못된 지식 → 잘못된 신념 → 문제행동(ABCD)을 일으킨다고 본다.
② 내담자의 가치관과 사고관계를 의식적으로 변화시키려는 상담 기법이다.

(2) 상담기법

① 인지적 기법 - 비합리적 신념에 대한 논박 : 상담자는 내담자가 지닌 비합리적 신념에 대해 논리적으로 논박한다. 상담자는 논리성, 현실성, 실용성에 근거하여 논박한다.
② 정서적 기법
  ㉠ 유머 사용 : 유머를 통해 상담자는 내담자가 가진 비합리적 사고의 왜곡을 덜 심각한 방법으로 보여주며, 내담자 자신도 그것을 깨닫게 하는 데 그 목적이 있다.
  ㉡ 수치심 공격하기(shame-attacking) : 다른 사람들이 잘 수용할 수 없는 수치스러운 행동을 억지로 시킴으로써 수치심에 대해 무뎌지게 하는 연습으로 사소한 사회적 규범을 어기는 행동을 내담자에게 해보도록 한다.
  ㉢ 내담자의 불완전성에 대한 무조건적인 수용

③ 행동적 기법
  ㉠ 내담자가 실제 해보면서 깨닫게 하는 방법 : 역할연기, 역할 바꾸기
  ㉡ 습득한 내용을 실제 생활에 적용하고 그에 대한 피드백을 받도록 하는 방법 : 실제 생활에서 해보기, 여론조사하기

121 형태주의 상담이론 게슈탈트

(1) 상담의 주요과제
① 내담자가 자신의 욕구와 감정을 분명히 알아차리고 이를 환경과의 접촉을 통해 잘 해소할 수 있도록 도와주는 것이 중요한 과제이다.
② 환경과 자신을 파악했을 때 부조화를 이루면 문제가 발생한다.

(2) 부적응 행동의 원인
① 각성의 결여(lack of awareness) : 자기가 무엇을 원하고 어떻게 해야 할지보다는 다른 사람에 의해 형성된 자아상에 따라 행동하는 데 많은 에너지를 소비한다. 그 결과로 인해서 환경에 적응하고 대처할 수 있는 창조적인 능력을 상실하고, 되는 대로 살아가는 인간이 된다.
② 책임의 결여(lack of responsibility) : 책임감이 결여된 사람은 자신의 문제를 스스로 해결하기보다는 타인에 의존하는 경향이 강하다.
③ 환경과의 접촉상실(loss of contact with the environment) : 이는 다른 사람에 대한 경계가 너무 경직되어 외부환경으로의 유입을 허용하지 않는다.
④ 형태의 미완성(incompleted Gestalt) 또는 미해결의 일(unfinished business) : 개인의 충족되지 못한 욕구, 표현되지 못한 감정 등으로 인해서 현재 상황에서 충분한 각성을 할 수 없다.
⑤ 욕구의 부인(disowning of needs) : 사회적으로 용납되지 않는 욕구인 분노, 공격성 등을 인정하지 않고 부정해 버릴 때 생긴다.

⑥ **양극화(extremities the self)** : 인간은 갈등을 계속해서 겪게 됨으로써 부적응 현상을 초래하게 된다.

(3) **빈 의자 기법(empty-chair technique)**

형태주의 상담에서 가장 많이 사용하는 기법 가운데 하나로, 현재 치료장면에 와 있지 않은 사람과 상호작용할 필요가 있을 때 사용되며, 내담자는 그 인물이 맞은편 의자에 앉아 있다고 상상하고 그와 대화를 나눔으로 자신의 억압된 부분과의 접촉을 통하여 자신의 내면세계에 대해 더욱 깊이 탐색할 수 있다.

 Berne의 상호교류분석

(1) **욕구의 유형**
① **자극의 욕구(stimulus hunger)** : 자극의 욕구란 일종의 인정의 욕구이다.
② **구조의 욕구(structure hunger)** : 인간이 스트로크를 극대화할 수 있는 방향으로 시간을 활용하고자 하는 욕구를 말한다. 철수, 의식, 소일, 활동, 게임, 친밀성
③ **자세의 욕구(position hunger)** : 자세의 욕구란 개인이 전 생애를 통하여 어떤 확고한 삶의 자세를 갖고자 하는 욕구이다. 자기부정-타인긍정자세(I'm not OK-You're OK), 자기부정-타인부정자세(I'm not OK-You're not OK), 자기긍정-타인부정자세(I'm OK-You're not OK), 자기긍정-타인긍정자세(I'm OK-You're OK)

(2) **자아상태**
① **어버이 자아(Parent ego)** : 프로이트의 초자아와 대응되는 개념으로, 부모에 대한 모방으로 학습된 태도나 지각내용들로 구성된다.
② **어른 자아(Adult ego)** : 프로이트의 에고와 같은 것으로 객관적으로 현실을 파악하는 능력으로 구성된다.
③ **어린이 자아(Child ego)** : 인간 개체 내의 자연발생적 충동과 감정, 생애 초기의 경험에 대한 감정들로 구성된다.

(3) **의사교류 유형**
① **상보적 의사교류** : 자극이 지향하는 그 자아상태로부터 반응이 나오며, 자극을 보냈던 그 자아상태로 반응이 다시 보내지는 의사교류를 말한다.
② **교차적 의사교류** : 의사소통의 방향이 서로 어긋날 때 이루어지는 교류를 말한다. 교차적 의사교류에서는 의사소통은 이어지지 않고 중단된다.
③ **암시적 의사교류** : 의사교류에 관계된 자아 중 겉으로 직접 나타나는 사회적 자아와 실제로 기능하는 심리적 자아가 서로 다른 의사교류를 말한다.

Freud의 정신분석 상담이론

① **부적응의 원인** : 유아기의 억압된 욕구나 불쾌한 경험을 부적응의 원인으로 본다.
② **부적응의 해결** : 무의식에 억압된 것을 감정전이를 통해 해결해야 한다고 본다.
① **상담기법**
  ㉠ **자유연상** : 내담자로 하여금 과거의 경험을 자유스럽게 생각하여 이야기하게 함으로써 문제발생의 원인을 찾아내려는 것이다.
  ㉡ **해석** : 내담자가 자유연상을 하는 도중에 기억을 할 수 없는 사태가 생길 때 그 원인을 해석해줌으로써 연상을 순조롭게 하도록 조력하는 것이다.
  ㉢ **꿈의 분석** : 꿈을 분석함으로써 내담자의 억압된 소원이 무엇인가를 밝히는 방법이다.
  ㉣ **전이** : 상담을 하는 도중에 내담자는 자기문제의 대상을 상담자에게 전이시키려는 경향이 나타나는데, 그때 상담자는 전이의 대상이 되어 주어야 한다.

124 Rogers의 비지시적 상담이론

① 부적응의 원인은 현실적 자아와 이상적 자아와의 괴리에서 나타난다.
② 인간은 자아실현의 의지와 선한 마음을 가지고 있다.
③ 개인은 개인차를 지닌 존재이다.
④ 개인은 자기 확충을 위한 적극적인 성장력을 지니고 있다.
⑤ 내담자를 가장 잘 돕는 방법은 자기지도를 하게 하는 것이다.
⑥ 상담의 최적의 방법은 내담자의 문제를 스스로 파악하고 해결할 수 있도록 허용적 분위기를 조성하는 일이다.
⑦ 상담시의 강조점
  ㉠ 내담자와의 인간관계 형성을 중시한다.
  ㉡ 상담시 동정을 받는다는 인상을 주어서는 안 된다.
  ㉢ Rapport 형성을 중시한다.
  ㉣ 내담자의 자유로운 감정표현을 중시한다.
⑧ 내담자와의 관계
  ㉠ 진실성을 가져야 한다.
  ㉡ 무조건적 긍정적 관심을 보여야 한다.
  ㉢ 정확한 공감적 이해를 해야 한다.

125 행동수정 상담이론

① 행동수정 상담이론에서는 인간행동은 유전과 환경의 상호작용으로 형성된다고 하며, 겉으로 관찰할 수 있는 인간의 행동에 관심을 갖고 있다.
② 상담의 목적은 내담자가 상담자에게 가져오는 모든 행동문제를 해결하는 데 두고 있다.
③ 특히 인간의 행동부적응과 불안문제에 관심을 갖는데, 불안은 특정한 상황에 내포되어 있는 자극에 대하여 나타나는 학습된 반응이라고 본다.

④ 즉, 인간의 부적응 행동이나 불안은 학습된 것이기에 대치할 수 있는 새로운 프로그램을 학습시키면 치료할 수 있다는 입장이다. 부적응행동의 교정에 관심이 있다.

Adler의 개인 심리 상담이론

① 사회적 관심
  ㉠ 개인심리학은 인간이 사회적 존재로서 사회에 참여하여 타인에 기여할 수 있는 애타적인 측면을 강조한다. 아들러는 개인은 본질적으로 집단에 소속되어 사회적 문제의 해결을 추구하는 사회적 존재라고 믿었다.
  ㉡ 사회적 관심은 공감, 타인과의 동일시, 타인지향을 의미한다. 개인심리학에서는 사회적 관심을 개인의 정신건강에 중요한 준거로 본다. 즉, 사회적 관심을 가진 사람은 정신적으로 건강하고 행복하며 사회에 기여하는 사람이다.

② 생활양식
  ㉠ 생활양식(life style)은 삶을 영위하는 근거가 되는 기본적 전제와 가정을 의미한다. 생활양식은 삼단논법에 의해 "나는 ~이다; 세상은 ~다; 그러므로 나는 ~다."로 표현될 수 있다. 우리는 생활양식에 따라 생각하고, 느끼고, 행동한다.
  ㉡ 생활양식이 어떻게 발달하는지를 이해하기 위해서는 열등감과 보상의 개념을 이해하는 것이 필요하다. 왜냐하면 이 개념들이 생활양식의 근본을 결정하기 때문이다.

③ 허구적 최종목적론
  ㉠ 허구적 최종목적론이란 허구나 이상이 현실을 보다 더 효과적으로 움직인다는 것으로, 아들러는 인간의 행동이 과거 경험에 의해 좌우되기보다는 미래에 대한 기대에 의해서 더 좌우된다는 생각을 하였다.
  ㉡ 허구적 최종목적은 미래에 실재하는 것이기보다 주관적으로 또는 정신적으로 현재의 행동에 영향을 주는 이상으로 '지금 – 여기' 존재하는 것이다.

④ **열등감** : 인간은 누구나 어떤 측면에서 열등감을 느끼고 있다. 왜냐하면 인간은 현재보다 나은 상태인 완전성을 실현하기 위해 노력하는 존재이기 때문이다. 아들러는 자기완성을 위한 필수요인으로서 열등감을 봄으로써 열등감을 긍정적인 측면에서 보았다.
⑤ **우월성 추구**
  ㉠ 아들러는 우월성(superiority)이란 개념을 자기완성 혹은 자아실현이란 의미로 사용하였다.
  ㉡ 아들러는 우월성의 추구가 건전하게 이루어진 성격에 사회적 관심을 가미하고 있음을 이해할 수 있다. 즉, 사회적 관심을 가진 바람직한 생활양식을 바탕으로 한 우월성 추구가 건강한 삶이라고 할 수 있다.

Glasser의 현실치료

(1) 특징
① 현실요법은 신경증적 행동, 정신병적 행동, 중독증적인 행동도 모두 자신의 욕구충족을 위한 최선의 선택으로 간주한다.
② 과거나 미래보다는 현재를 중요시하고, 내담자의 무의식이나 꿈의 해석보다는 그의 의식세계에서 현실지각을 중요시한다.

(2) 상담의 목표와 방법
① 목표
  ㉠ 현실요법의 목표는 학생이 책임질 수 있고 만족한 방법으로 자신의 욕구를 충족시키는 것이다.
  ㉡ 욕구를 충족시키기 위해서는 ⓐ 책임감을 느끼며 수행해야 하고(respon-sibility), ⓑ 현실 파악과 수용능력이 있어야 하며(reality), ⓒ 옳고 그름을 판단할 수 있는 도덕적 판단 능력(right or wrong)이 필요하다.
  ㉢ 이를 3R이라고 하는데, 학생들이 학교생활에 적응하기 위해서는 이러한 능력이 있어야 하며, 없을 때에는 부적응이 발생할 수 있기 때문에 이를 교육해야 한다.

(3) 현실치료의 진행절차

$$W(wants) \rightarrow D(doing) \rightarrow E(evaluation) \rightarrow P(plan)$$

(4) 주요 개념

① 기본욕구(basic need)
  ㉠ 사람들은 기본적으로 다섯 가지의 욕구를 가지고 있다고 보는 것이다.
  ㉡ 생존, 자유, 힘, 즐거움, 소속의 욕구

② 전행동(total behavior)
  ㉠ 인간의 모든 전체적인 행동은 목적이 있다.
  ㉡ 전행동(total behavior)은 행동하기(doing), 생각하기(thinking), 느끼기(feeling), 생리적인 기능(physiology)으로 구성되어 있다.
  ㉢ 이 4가지는 서로 유기적으로 관련되어 인간의 기본적인 욕구를 충족시키기 위해서 기능한다.
  ㉣ 전행동 중 행동은 거의 완전한 통제가 가능하고, 사고는 어느 정도 통제가 가능하며, 감정은 통제가 어렵고, 생리적인 기능은 통제가 더욱 어렵다. 따라서 통제가 가능한 행동을 변화시키면 사고, 감정, 생리적 기능을 변화시킬 수 있다.

③ 선택이론(choice theory)
  ㉠ 사람들은 욕구충족을 위하여 행동을 한다.
  ㉡ 사람들이 하는 모든 행동은 선택할 수 있다.
  ㉢ 이미 실행한 행동 또한 개인의 선택에 의해서 이루어진 행동이라는 것이다.

④ 통제이론(control theory)
  ㉠ 사람들은 행동을 선택할 때에 자신의 욕구를 최대한으로 충족시키기 위해서 자신을 통제한다는 이론이다.
  ㉡ 그렇게 함으로써 자신의 욕구를 충족시킴과 동시에 주변 환경과의 관계를 유지 또는 발전시켜 나간다.

128 해결중심 상담

① **상담 전 변화에 대한 질문** : "상담을 약속한 후 오늘 오기까지 어떠한 변화가 있었나요?"

② **예외질문** : "문제가 발생하지 않는 때는 언제입니까? 문제가 발생하지 않는 상황과의 차이점은 무엇입니까?"

③ **기적질문** : "밤에 잠자는 동안에 기적이 일어나 지금 염려하는 문제가 다 해결되었다고 상상합시다. 당신은 잠을 자고 있었기 때문에 이런 기적이 일어났는지 모릅니다. 그런데 아침에 일어나서 지난 밤 기적이 일어나 모든 문제가 해결되었다는 것을 어떻게 알 수 있을까요? 당신이 처음 무엇을 보면 기적이 일어났다는 것을 알 수 있을까요?"

④ **척도질문** : "최악의 상태를 1점으로 하고 모든 문제가 해결된 상태를 10점으로 한다면, 오늘의 상태는 몇 점에 해당합니까?"

⑤ **대처질문** : "문제가 심각한데 상황이 더 나빠지지 않도록 하기 위해 어떻게 하셨나요?" "매우 어려운 상황인데 지금까지 어떻게 견디셨나요?"

129 Roe의 욕구이론

부모의 양육 방식이 과보호적, 과요구적, 애정적인 경우에는 인간지향적 직업 분야(서비스, 비즈니스, 조직이나 단체활동, 일반 문화직, 예술과 예능직)를, 무시적, 거부적, 무관심한 경우에는 비인간지향적 직업 분야(산업 기술, 옥외활동, 과학 연구직)를 선호하게 된다.

130 Holland의 인성이론

① **현실적 유형(근육 노동적, Realistic)** : 현실적이고 사실적인 직무를 좋아한다. 체력을 필요로 하는 활동을 즐기며 공격적이고 운동신경이 잘 발달되어 있다. 운동(스포츠), 기계, 정비, 비행기 조종, 전자, 조사, 농업 등의 분야에 적합하다.

② **지적 유형(탐구적, Investigative)** : 과업 지향적이며 추상적인 일을 즐기고 이 세상의 여러 가지 문제들을 분석하여 이해하려는 욕구가 강하다. 논리적이며 탐구적, 분석적이고 지적이며 호기심이 많지만 지도력이 부족하다. 자연과학자, 사회과학자, 수학자, 의학자(의사라기보다는) 등 지적 작업 분야에 적합하다.

③ **사회적 유형(봉사적, Social)** : 남을 가르치거나 치료하는 등, 타인을 돕는 역할을 좋아한다. 언어 능력 및 대인관계 기술이 뛰어나며 친절과 온정, 인내와 관용성이 높다. 분석력이나 논리적 과학성은 부족할 수 있다. 교사, 카운슬러, 사회사업가, 선교사 등의 직업에 적합하다.

④ **전통적 유형(보수 인습적, Conventional)** : 정확성과 꼼꼼함을 요구하는 직업을 선호한다. 변화가 없는 상황에서 유능하게 일하며, 자기가 속한 집단의 가치관이나 태도를 비판없이 받아들이는 경향이 있다. 사서, 회계, 은행원, 우체국 직원, 행정관료, 비서, 서기 등의 직업에 적합하다.

⑤ **사업가적 유형(설득적, 기업적, Enterprising)** : 적극적, 외향적이며 언변과 리더십이 좋아, 타인을 설득하거나 리드해야 하는 경우 뛰어난 능력을 발휘한다. 모험적, 야망, 지배적, 과시적, 활동적, 긍정적, 자기 확신, 말하기를 좋아하며, 권력, 지위 등에 관심이 많다. 세일즈맨, 장사, 정치가, 매니저, 방송국의 PD, MC 등의 직업에 적합하다.

⑥ **예술적 유형(심미적, Artistic)** : 정서적, 이상주의적이고 상상력이 풍부하다. 직관적 혹은 충동적, 예민, 내향적, 비사교적이며 현실성과 실용성은 부족하다. 경직된 질서를 싫어한다. 시인, 소설가, 작곡가, 연주가, 화가, 조각가, 배우, 연극 감독 등 예술 분야의 직업에 적합하다.

131 Krumboltz의 사회학습이론

① 진로결정 요인
- ㉠ 유전적 요인과 특별한 능력(genetic endowments & special abilities)
- ㉡ 환경적 조건과 사건(environmental conditions & events)
- ㉢ 학습 경험(instrumental learning experiences)
- ㉣ 과제 접근 기술(task approach skills)

② 진로결정 요인들의 결과
- ㉠ 자기관찰 일반화(self-observation generalization) : 자기 자신의 직접적·간접적인 수행이나 자신의 흥미나 가치를 평가하는 외현적·내면적 자기진술
- ㉡ 세계관 일반화(world-view generalization) : 학습경험의 결과 사람들은 자기가 살고 있는 환경을 관찰하고 이러한 일반화를 또 다른 환경에서 어떤 일이 일어날 것인가를 예측하는 데 이용
- ㉢ 과제 접근 기술(task approach skills) : 자기관찰 일반화나 세계관 일반화와 관련지어 환경을 해석하고, 미래사건에 대해 예견하는 인지적 능력, 수행능력, 감정적 경향
- ㉣ 행위의 산출(action outcomes) : 의사결정과 관련된 특수한 행위, 예를 들어 교육훈련에 참가, 대학 전공의 변경 등

08. 교육의 역사와 철학

132 피터스 Peters 의 교육성립의 조건

① 성년식의 비유 : 피터스는 교육을 성년식에 비유하여 미성숙한 아동을 '문명의 삶의 형식'으로 입문시키는 과정이라고 본다.

② 교육의 준거
  ㉠ 규범적 준거(교육목적) : 교육은 내재적 가치를 실현하는 것으로 바람직한 것을 전달하고 인간을 인간답게 하는 것을 목적으로 해야지 다른 것의 수단이 되어서는 안 된다.
  ㉡ 인지적 준거(교육내용) : 교육은 지식, 이해, 모종의 지적 안목을 길러주는 것이어야 한다. 따라서 지식의 형식이 교육의 내용이 되어야 한다.
  ㉢ 과정적 준거(교육방법) : 교육은 인간을 인간답게 만드는 행위이므로 그 방법 역시 인간을 존중하는 것이어야 한다. 따라서 인간의 이해와 자율성에 토대를 두고 도덕적 방법으로 의도적으로 실현해야 한다.

③ 주요 개념
  ㉠ 지식의 형식 : "인간의 경험을 일반적으로 인정되는 방식으로 분류해 놓은 것"으로서 논리학과 수학, 자연과학, 인간과학, 역사, 종교, 문학과 예술, 철학, 도덕적 지식 등이 이에 해당한다.
  ㉡ 선험적 정당화 : 개인이 받아들이는가 아닌가와 무관하게 성립하는 그러한 정당화이다.

133 교육목적의 유형

① **교육의 내재적 목적**: 교육의 개념 속에 함의되어 있는 교육의 가치지향을 의미하는 것으로, 교육의 본질적 가치가 논리적으로 구현된 것을 말한다.
② **교육의 외재적 목적**: 교육을 수단으로 하여 다른 것을 성취하고자 하는 입장이다.

134 지식의 유형

① **방법적 지식**: '~할 줄 안다.'(know how)의 지식(앎)으로 기술과 기능에 관한 것
② **명제적 지식**: '~인 것을 안다.', 또는 '~라는 것을 안다.'(know that)로 표현되는 지식

　명제적 지식의 분류
　　㉠ **사실적 지식**: 객관적으로 존재하는 세계에 관한 자료 혹은 정보를 제공하는 문장으로 표현된 지식이다.
　　㉡ **논리적 지식(=형식적 지식, 분석적 지식)**: 구성하는 요소들의 의미상의 관계를 나타내는 지식이다.
　　㉢ **규범적 지식(형이상학적 지식)**: 규범이나 가치를 나타내는 지식이다.

135 진보주의 교육철학 Progressivism

① 학습은 아동의 흥미와 직접적으로 관련된 것이어야지 타인에 의한 강요로 학습이 이루어져서는 안 된다.
② 가치 있는 지식은 경험과의 접촉을 통해 이루어지므로 학습은 아동의 흥미를 이끌 수 있는 문제해결 위주로 진행되어야 한다.
③ 아동은 경험을 통해 학습을 하게 되므로 교육은 생활과 밀접하게 관련 있는 것이어야 한다.

④ 아동은 자신의 욕구와 필요에 따라 학습하기 때문에 교사는 아동을 이끄는 안내자, 조력자로서의 역할을 담당해야 한다.
⑤ 인간의 성장은 환경과의 상호작용이므로 인간의 성장과정은 사회적 과정이다. 따라서 교사와 학생, 학생과 학생들 간의 협동과 협력이 중요하다.
⑥ 위와 같은 학습이 이루어지기 위해서 학교는 민주적으로 운영되어야 하며, 아동들도 학교에서 민주적 태도를 익혀야 한다.

136 본질주의 교육철학 Essentialism

① 교육은 인류가 쌓아온 문화적인 전통 중에서 가장 본질적이고, 정수적인 것을 학습하여야 한다고, 주장하는 교육이다.
② 특징
  ㉠ 교육에 있어서 교사의 주도성이 인정되어야 한다.
  ㉡ 아동은 사회공동생활에 필요한 훈련을 가져야 한다.
  ㉢ 아동의 흥미는 중요하지만 노력도 요구된다.
  ㉣ 교육과정은 인류의 문화재 중 현재 생활에 사용될 '에센스(essence)'를 뽑아 구성되어야 한다.
  ㉤ 문화유산의 본질을 익히기 위해서 기초학습의 철저한 훈련이 필수적이다. 따라서 생활의 기본수단이 되는 3R's에 대한 철저한 훈련과 국어, 수학, 과학, 역사 등 기초적인 교과를 모든 학생에게 예외 없이 가르쳐야 한다.

137 항존주의 교육철학 Perennialism

① 항존주의 교육철학은 고대 플라톤의 관념론과 아리스토텔레스의 실재론, 그리고 중세의 토마스 아퀴나스의 토미즘에 그 원천을 둔 사상으로, 고대 중세의 절대가치인 불변하는 진, 선, 미의 제1원리를 발견하는 데 관심을 갖는다.

② 교육원리
  ㉠ 인간이 지니고 있는 이성은 보편적인 것이므로, 언제나 누구에게나 동일한 것이다. 교육은 인간의 이성을 계발하는 데 집중되어야 하므로 교육은 어느 시대, 어느 인간에게도 동일하여야 한다.
  ㉡ 교육의 의무는 영원한 진리를 밝히는 데 있다.
  ㉢ 교육이란 생활의 모방이 아니라 생활을 위해서 준비하는 것이다.
  ㉣ 아동들은 이 세상에서 가장 영원한 것으로 남아있게 될 어떤 기초가 되는 과목을 배워야 한다.
  ㉤ 이성의 계발을 위한 교육내용은 보편적 성격을 지니는 논리학, 수학, 문법, 수사학 등의 교양교과이어야 한다. 따라서 학생은 위대한 고전(The great works)들을 읽어야 한다.

138 듀이 John Dewey, 1859~1952 의 교육철학

듀이 교육론의 기본원리

① 경험의 원리
  ㉠ 경험의 의미 : 인간은 자신의 생존을 위해 환경과 접촉을 하고, 그 과정에서 반성적 사고를 하게 되는데, 이것이 바로 경험이다. 그러므로 인간의 경험에는 감각적인 요소(환경과의 접촉)와 관념적인 요소(반성적 사고)가 함께 작용한다. 그러므로 학습에 의한 지적인 사고활동(관념적 요소)은 신체적 활동(감각적 요소)과 연결되어야 한다.

ⓒ **경험의 사회성** : 아동이 접촉하게 되는 환경은 어른이 과거에 형성해 놓은 지식이나 문화이므로 경험은 사회성을 띤다. 그러므로 교육은 본질적으로 사회적 접촉이자 전달의 과정이다.
  ⓒ **경험의 개조** : 인간은 반성적인 사고를 통해 지식을 획득하게 되며, 이 지식은 기존의 경험과 결합되어 새로운 사고를 만들어 낸다. 이렇게 경험을 통해 획득된 지식이 기존의 경험과 결합되어 가는 것이 '경험의 개조'이며, 성장이다.
② **지성(intelligence)의 원리**
  ㉠ 지성은 인간의 경험을 개조하고 갱신하는 과정에 작용하는 능력이다.
  ⓒ 지성은 인간의 행동에 대한 가치판단을 통해 경험을 개조하도록 함으로써 미숙한 어린이를 스스로 성장하게끔 유도한다.
③ **성장의 원리** : 아동의 미숙성과 가소성에 근거를 두고, 어린이의 내부로부터 성장하려는 힘의 발로를 억압하지 않고 자유롭게 활동하게 하는 원리를 의미한다.
④ **탐구의 원리**
  ㉠ 탐구(inquiry)란 문제 상황에 부딪혔을 때 이를 해결하기 위해 가설을 세우고, 자료를 수집하여 가설을 검증하고, 거기서 결론을 이끌어 내는 과정을 말한다.
  ⓒ 끊임없는 경험의 개조를 성장으로 본 듀이는 탐구의 결론보다 그 결론에 이르게 하는 과정을 중시했다. 이에 근거하여 제시한 수업방법이 바로 '문제해결법'이다.
⑤ **흥미(interest)와 도야(discipline)의 원리**
  ㉠ 흥미란 거리가 있는 두 사물을 관련짓는 것을 뜻하는 것으로 사람과 재료, 행위와 결과 사이의 거리감을 없애준다. 그래서 경험 속에서 그 대상에 대해 자아가 몰입하도록 만들어 준다.
  ⓒ 계속적인 주의와 인내라는 의지가 생기기 위해서는 결과에 대한 끊임없는 관심, 즉 흥미가 필요하다. 그러므로 흥미와 도야는 서로 반대되는 것이 아니라 서로 관련되어 있는 것이다.

139 **실존주의** existentialism

① 실존주의는 인간이 상실한 자기의 본 모습을 되찾고 본래의 자기에게 귀환함으로써 자기소외, 자기상실 상태에서 자기회복, 즉 인간의 주체적 자각, 결단, 실천을 강조하는 철학이다.

② 실존주의는 인간이 어떤 불변의 본질을 가지고 세상에 태어난다는 것을 부정하며, 인간은 자유의지를 지닌 존재로 이 자유의지에 의해 본질을 창조해가는 존재이다. 따라서 실존이 본질에 앞선다고 본다.

③ 교육의 과정에 있어서 비연속적 형식의 교육 가능성을 중시한다. 비연속적 형식의 교육의 가능성을 그 개별현상으로 위기, 각성, 충고, 상담, 만남, 모험과 좌절을 들고 있다.

④ 실존주의 교육원리
  ㉠ 개인의 중요성을 강조한다.
  ㉡ 사회적 적합에 대한 반항이다.
  ㉢ 자아인지를 위한 과정을 중시하고 전인교육, 인격교육, 도덕교육을 강조한다.
  ㉣ 교사와 학생들 간의 대화, 만남, 참여를 중시한다.
  ㉤ 죽음, 좌절, 공포 등과 같은 인간 삶의 어두운 측면 또한 보여줘서 적극적인 삶의 의미를 느끼도록 한다. 또한 인문학과 예술과목을 강조하여 정서적, 심미적, 주관적 과목들을 중시한다.

140 포스트모더니즘 Post-modernism

① 포스트모더니즘은 과학이나 언어, 예술, 사회와 문화에 대한 합리적 이해를 가능케 하는 객관적 근거, 즉 궁극적 법칙이나 논리, 또는 구조를 인간의 이성에 의해서 찾아낼 수 있다는 계몽사상적 이성 혹은 합리성에 대한 믿음을 거역하고 보편적 이론이나 사상의 거대한 체제, 거대담론의 해체를 주장하는 경향을 의미한다.

② 특징
  ㉠ 반정초주의(anti-foundationalism) : 도덕이나 기타 다른 영역에서 궁극적이고 절대적인 본질로서의 기초란 없다고 본다. 왜냐하면 가치는 문화적 구성물이며, 시대에 따라서 변하고 문화에 따라 다르기 때문이다.
  ㉡ 다원주의(pluralism) : 상이한 사회와 이익집단들은 그들의 특정한 필요와 문화에 적합한 가치를 구성한다고 본다. 사회에서의 다양성을 존중한다.
  ㉢ 반권위주의(anti-authoritarianism) : 포스트모더니스트들은 도덕적 지식을 포함하여 모든 지식은 그러한 지식을 생산하는 사람들의 이익과 가치를 반영한다고 본다. 따라서 도덕적 탐구가 민주적이며 반권위적인 방법으로 시행되어야 한다고 주장한다.
  ㉣ 소외된 타자에 대한 연대의식(solidarity) : 포스트모더니스트들은 타자에 대한 관심과 연대의식을 강조한다.
  ㉤ 대서사보다 소서사를 지향 : 포스트모더니즘은 모든 사람, 모든 사회에 적용될 수 있는 대서사(grand narrative)보다 개인이나 소집단에 초점을 맞춘 소서사에 관심을 둔다. 따라서 기존에 소외되어 왔던 여성문제, 인종문제, 환경문제, 빈민문제 등에 관심을 가진다.

141 푸코 Foucault 의 사상

① 푸코는 지식과 권력의 결합에 관심을 가졌다. 흔히 말하는 명제인 '아는 것이 힘이다.'는 명제에서 출발한다. 즉, 지식이 권력인 것이다.
② **규율적 권력** : 최대의 경제성과 동작의 정련화를 결과하기 위해 개인의 행동과 몸의 능력을 통제하는 권력의 특수한 기술
③ 규율적 권력이 행사되는 대표적인 장소는 원형감옥(panopticon)이다.
④ **규율적 권력이 목표달성을 위해 동원하는 세 가지 방법**
   ㉠ **관찰(감시)** : 규율이 효과적으로 행사되기 위해서는 관찰이라는 수단으로 억압하는 기제를 필요로 한다.
   ㉡ **규범적 판단** : 모든 규율적 체제에는 벌칙기제가 구사된다.
   ㉢ **검사(시험)** : 시험은 권력의 한 형태로써 권력을 정당화하며, 객체화와 계량화라는 기제를 통해 학생을 억압한다. 이렇게 보면 학교란 시험이라는 기술적 통제로 학생을 순응시킨다.

142 분석철학

분석철학은 교육과 교육이론의 언어와 논리의 모순성, 모호성, 애매성 등을 제거하거나 감소시켜, 우리가 사용하고 있는 언어의 명료성과 그 언어의 논리적 관계를 분석함으로써 우리의 사고를 정확한 과학적 기초 위에 세우는 데 있다.

143 비판이론 critical theory

① 비판이론은 1920년대부터 프랑크푸르트학파를 중심으로 현대 자본주의 사회의 구조적 모순과 인간소외문제를 다루는 철학적 흐름을 말한다.
② 인간해방을 강조하는 사회철학으로 현대사회를 비판적인 시각으로 바라보며, 주로 개인의 문제보다는 사회나 체제의 문제에 관심을 갖는다.
③ 자율적이고 의식화된 인간상의 구현을 교육의 목적으로 추구한다.

144 하버마스 Habermas 의 사상

① 비판적 이성은 인지적·도구적 영역, 규범적·도덕적 영역, 표현적·미학적 영역 세 가지로 분화되었다. 그런데 현대사회의 의사소통을 체계적으로 가로막는 것은 그 가운데 인지적·도구적 영역뿐이다. 따라서 3가지 이성이 조화를 이루는 비판 이성을 갖추어야 한다.
② **합리적 의사소통** : 대화나 토론에서 토론 참가자 간에 왜곡되지 않는 평등한 발언기회가 보장되는 것이다. 합리적 의사소통은 지배가 없는 상황으로 이상적인 삶의 형식의 조건이다.

145 신자유주의와 교육

① 신자유주의는 국가경쟁력 강화를 위한 교육개혁정책에서 '시장의 논리'에 따른 선택과 자율의 개념을 강조한 것이다.
② 지나친 규제와 통제를 완화하고 교육 소비자의 다양한 요구를 수용하자는 주장이다.
③ 자유경쟁의 논리를 적용하면 단위학교의 책무성과 자율성을 강화할 수 있고, 학교 간의 경쟁을 통해 교육의 질을 향상시킬 수 있으며, 교육소비자에게 교육선택권을 부여하여 그들의 필요에 맞는 교육을 하자는 것이다.

146 Socrates B.C. 479~399 의 교육사상

① 소크라테스가 교육에 공헌을 남긴 것은 지식을 극히 강조한 점에 있다. 그가 강조한 지식은 보편타당성을 가질 뿐 아니라, 도덕적 의미를 지닌 것이다. 그리하여 교육의 궁극적 목적은 도덕적인 인간을 양성하는 것이다.
② **대화법(eironeia)** : 소극적 의미의 대화법으로 청년들로 하여금 무지를 스스로 깨닫게 만드는 대화법이다.
③ **산파술(maieutike)** : 청년들이 스스로 진리에 도달하도록 지도하고 유도하는 대화법이다. 교육은 알고 있는 것을 이끌어내는 작용이라 본 측면에서 현대의 발견학습, 탐구학습과 일맥상통한다.

147 Platon B.C. 427~347 의 교육사상

① 진선미의 절대적 가치를 추구하는 이데아의 실현이 플라톤의 목적이었으며, 이러한 이데아의 실현을 위한 유능한 시민의 육성이 주 관심사였다.
② 플라톤은 '국가론'에서 계급을 셋으로 나누었다. 이 세 계급은 자기 계급에 해당되는 덕에 따라 본분을 지키고 그 덕을 발휘하는 곳에 국가 전체는 조화를 이루며 정의가 실현된다고 보았다.
  ㉠ **1계급** : 통치자(지혜의 덕)
  ㉡ **2계급** : 군인(용기의 덕)
  ㉢ **3계급** : 노동자(욕망과 절제의 덕)
③ **교육의 단계** : 기초교육 → 수학 → 철학
④ **상기설** : 인간이 참된 지식을 획득하는 것은 이성의 작용에 의해 이데아의 세계를 상기해내는 것으로 보았다. 결국 플라톤은 지식을 생득적인 것으로 생각하였다.

148 Aristoteles B.C. 384~322 의 교육사상

① 교육의 목적 : 행복한 생활을 영위할 수 있는 인간의 육성
② 관조적 삶 : 여가를 올바르게 누리도록 준비시키는 것. 다시 말하여, 일상의 실제적 문제를 다소간 해결하고 난 뒤에 영혼이 신의 모습을 보고 거기서 최상의 행복을 맛보는 삶
③ 교육단계
   ㉠ 초등교육(신체발육단계) : 6세까지 어린이는 가정에서 교육하다가 6세에 이르면 국가에서 교육을 맡으며 양친도 책임을 분담한다. 6~10세에는 좋은 품성과 신체발달에 초점을 두어 읽기, 쓰기, 셈하기, 음악, 체조 등을 가르친다.
   ㉡ 중등교육(정서훈련, 습관형성단계)
      ⓐ 10~20세에는 4과(산수, 기하, 천문, 음악)와 시, 문법, 수사학, 문학, 지리 등을 가르친다.
      ⓑ 교육의 둘째 영역은 인격의 훈련으로서, 이것은 습관을 형성시켜 주는 일을 가리킨다.
   ㉢ 고등교육(이성적 훈련) : 20세가 되면 최고수준의 교육으로 심리학, 정치학, 윤리학, 생물학, 철학 등을 가르친다.

149 루소 Rousseau 의 자연주의 교육사상

(1) **교육의 목적** : 개인의 자연적인 본성을 잘 보전하고 사회적 제약으로부터 벗어나 자기 자신의 삶을 살아가는 자연인의 육성이다.
(2) **합자연 원리에 의한 교육** : 인간이 조절할 수 있는 인간 및 사물에 의한 교육을 인간의 힘으로는 어떻게 할 수 없는 '자연의 교육'에 일치시켜야 한다.
① **자연에 의한 교육** : 인간이 날 때부터 자연에 의해 부여받은 모든 특성과 능력을 의미한다.
② **인간에 의한 교육** : 자연적 특성과 능력을 신장시키기 위해 인간이 취할 수 있는 모든 노력과 방법을 의미한다.

③ **사물에 의한 교육** : 인간에게 자극을 주는 주위의 모든 경험적 조건과 환경을 의미한다.

(3) 교육의 4단계
① **유년기** : 신체교육
② **아동기** : 감각교육
  ㉠ **감각교육** : 이 시기에는 사물의 양을 재고, 수를 세고, 무게를 알아보고, 사물 가운데 필연성이 있음을 인식하도록 한다.
  ㉡ **자연벌** : 도덕적 훈련은 자연에 맡겨, 자신의 행동의 결과를 경험하게 한다. 즉, 도덕적 가치의 주입을 금지한다.
  ㉢ **소극적 교육** : 이 시기의 교육은 '덕이나 진리를 가르쳐주는 것이 아니라 심성을 악덕으로부터, 지력을 오류로부터 보존하는 것', 즉 소극적 교육이어야 한다.
  ㉣ **사회로부터의 격리** : 아동이 잘못된 관념에 물들지 않게 사회로부터 격리된 자연적 환경에서 교육하여야 한다.
③ **소년기** : 지식교육
  ㉠ **지적 교육 시작** : 이 시기는 호기심을 바탕으로 사물과 세계에 대한 경험을 통해 스스로 생각하고 판단할 수 있는 능력을 길러 주도록 한다.
  ㉡ **발견학습** : 기성사회의 지식을 일방적으로 전달하는 것이 아니라, 자신의 경험 속에서 스스로 배우고 발견할 수 있도록 한다.
  ㉢ **유용성의 원칙** : 소년기의 넘치는 힘을 유용한 학문과 노동으로 전환시키는 것이 이 시기 교육의 관건이며, 따라서 이 시기에 가장 중요한 교육의 원칙은 유용성의 원칙이다. 소년기 이전의 아동은 자연적 필연성의 법칙에 따르도록 교육받아 왔지만, 소년은 사물의 유용성을 깨닫도록 교육받고 그가 경험하는 사물이 무엇에 유용한지를 항상 염두에 두어야 한다.

④ 청년기 : 도덕교육, 종교교육
　㉠ 이 시기의 교육의 주요 목적은 인생의 도덕적, 종교적, 사회적 기초를 형성할 수 있도록 하는 것이다.
　㉡ 또한 이 시기는 이성(異姓)에 대해 눈을 뜨는 시기이므로, 남성과 여성의 역할 및 사회관계를 배우도록 한다.

(4) 루소 사상의 장점과 단점

장점	단점
• 교육을 내적, 자연적 발전으로 보아 자유주의 교육을 주장 • 개성, 자유, 자기활동의 원리를 강조하여 주체적 활동을 강조 • 직관주의적 실물교수를 강조 • 자기 능력을 기르기 위한 근로교육, 수공업 작업을 중요시 • 감정적 도야를 중시	• 자유주의에 대해 지나친 맹신을 함 • 기존의 국가나 사회제도를 악하게 봄 • 소극적 교육으로 자유방임주의의 경향 • 가정교육을 중시하다 보니 학교교육을 경시 • 여성교육 경시

교육학 접수를

키우기
위한
주요 키워드
스피드하게 정리하기

키위주스

인 쇄	2021년 4월 5일	
발 행	2021년 4월 9일	저자와의 협의하에 인지생략
편저자	김 현	
발행자	윤록준	
발행처	B T B	
등 록	제2017-000090호	
주 소	서울 동작구 보라매로 19길 8	
전 화	070-7766-1070	
팩 스	0502-797-1070	
정 가	6,000원	
ISBN	979-11-89230-61-6 13370	

ⓒ 김현, 2021
- 이 책의 무단 전재 또는 복제 행위는 저작권법 제136조에 의거하여 처벌을 받게 됩니다.